ACCESO GRATIS ***a la Lectura en la Nube***

Para visualizar el libro electrónico en la nube de lectura envíe junto a su nombre y apellidos una fotografía del código de barras situado en la contraportada del libro y otra del ticket de compra a la dirección:

ebooktirant@tirant.com

En un máximo de 72 horas laborales le enviaremos el código de acceso con sus instrucciones.

EL SISTEMA DE PENSIONES DE MÉXICO A TRAVÉS DE SUS REFORMAS Y CONTRARREFORMAS 1917-2024

Procedimiento de selección de originales, ver página web:
www.tirant.net/index.php/editorial/procedimiento-de-seleccion-de-originales

EL SISTEMA DE PENSIONES DE MÉXICO A TRAVÉS DE SUS REFORMAS Y CONTRARREFORMAS 1917-2024

Roberto Gutiérrez Rodríguez

tirant lo blanch
Ciudad de México, 2025

En caso de erratas y actualizaciones, la Editorial Tirant lo Blanch México publicará la pertinente corrección en la página web www.tirant.com/mex/

Este libro será publicado y distribuido internacionalmente en todos los países donde la Editorial Tirant lo Blanch esté presente.

© EDITA: TIRANT LO BLANCH
DISTRIBUYE: TIRANT LO BLANCH MÉXICO
Av. Tamaulipas 150, Oficina 502
Hipódromo, Cuauhtémoc, 06100 Ciudad de México
Telf: +52 1 55 65502317
infomex@tirant.com
www.tirant.com/mex/
www.tirant.es
ISBN: 978-84-1071-063-4
MAQUETA: Tink Factoría de Color

Si tiene alguna queja o sugerencia, envíenos un mail a: atencioncliente@tirant.com. En caso de no ser atendida su sugerencia, por favor, lea en *www.tirant.net/index.php/empresa/politicas-de-empresa* nuestro procedimiento de quejas.

Responsabilidad Social Corporativa: http://www.tirant.net/Docs/RSCTirant.pdf

María Fernanda, los peldaños que escalas
son el horizonte que toco con manos

Índice

Prólogo

A medida que transcurre el tiempo y la pirámide poblacional de México se invierte, se agudiza la discusión sobre el financiamiento de los sistemas de pensiones, como si quienes los diseñaron y rediseñaron no hubieran sabido que adolecían de serias limitaciones: tendencia natural de la humanidad a ver incrementada su expectativa de vida al nacer; bajos niveles de aportación de los trabajadores, generalmente por lo reducido de sus salarios; insuficiencia financiera del gobierno federal para complementar los gastos pensionarios que quedarían sin cubrirse por las instituciones públicas de seguridad social, creadas por ellos mismos, a pesar de lo conveniente de su método de cálculo; reducción de la calidad de los servicios de salud a medida que aumenta el número de derechohabientes, incluyendo jubilados y pensionados; bajos niveles de rendimiento neto de los fondos previsionales administrados por las instituciones financieras especializadas, y una violación permanente del principio universal de "a trabajo igual, salario igual", llevado al ámbito de las pensiones.

Ante estas circunstancias, lo que hoy se tiene es un sistema que no satisface a ninguna de las partes involucradas. A los trabajadores formales, que son a lo sumo 46% de la población ocupada y la mayoría de ellos no alcanza el número mínimo de horas trabajadas (densidad de cotización) para aspirar a la jubilación, porque hasta el momento de elaboración de este prólogo se les devuelve en promedio apenas 26% del último salario que percibieron antes de retirarse (tasa de reemplazo). Dicha circunstancia, combinada con el peso abrumador de la informalidad, ha obligado históricamente a los hombres a retirarse en promedio ocho años después de sus contrapartes de los países desarrollados, número que en las mujeres se ubica en cinco.

Al gobierno porque, al reconocer las debilidades anteriores y estar consciente de que los beneficios de la jubilación sólo son aplicables a la cuarta parte de los trabajadores formales que alcanzan la edad de retiro, coeficiente referido a quienes ya acumularon el número mínimo de semanas de cotización exigidas individualmente por cada una de las instituciones de seguridad social, debe incurrir en dos tipos de erogaciones altamente onerosos e insostenibles en el tiempo para un país que necesita dedicar más recursos a la inversión productiva, la educación, la salud, la infraestructura, la ciencia y la tecnología. El primero es complementar los ingresos de quienes reciben pensiones inferiores a un salario mínimo; el segundo es ofrecer, a quienes no tienen derecho a la jubilación porque siempre o la mayor parte del tiempo se desempeñaron en actividades informales, un estipendio a partir de los 65 años de edad y hasta su fallecimiento, conocido como Pensión Universal para Personas Adultas Mayores.

A las instituciones públicas de seguridad social, por estar conscientes de que cargan con gran parte del peso de las bajas pensiones debido en parte a que la que se aboca al sector privado las calcula no sobre la base del último salario percibido por el trabajador al retirarse, sino del promedio de los últimos cinco años, lo que implica una reducción referencial respecto a otros países. Por su parte, la que se aboca al sector público no parte del salario integrado, que incluye prestaciones, sino del sueldo básico, así sea tomando como referencia el último año. En el mismo rubro, las instituciones financieras que administran los fondos de pensiones también juegan un papel trascendental, primero como beneficiarias del sistema y después como afectadas del mismo. Por una parte, sus tasas netas de beneficio por el manejo de las cuentas y por la inversión a muy largo plazo de recursos equivalentes en 2024 a 26% del producto interno bruto es excepcional. Por otra, enfrentan críticas de la sociedad en relación con los bajos rendimientos netos otorgados y con su excesivo enriquecimiento, además de que podrían no contar con suficiente seguridad jurídica para hacer planes de largo plazo, dado que los sistemas previsionales en algunos países de América Latina enfrentan el espectro de la reestatización. Así sucedió en Argentina en 2008, durante el gobierno de Cristina Fernández de Kirchner. Así parecía perfilarse para el caso chileno, país de origen del sistema que rige en México y otros de la región, en virtud de los disturbios sociales que enfrentó el presidente Sebastián Piñera en 2019 y que heredó a su sucesor, Gabriel Boric. Ante esto, llegó a contemplar la posibilidad de sustituir el sistema privado por uno mixto, con fuerte participación del Estado, pero no logró concretizarlo por dos razones principales: su nivel de popularidad y el rechazo a su propuesta de una nueva constitución política.

Aunque México ha optado por la vía de las reformas para mejorar paulatinamente su sistema previsional, es evidente que las soluciones no han sido duraderas, que también ha habido retrocesos, y que ha sido mucho el desgaste en materia constitucional y de leyes secundarias. Al tratarse de un problema tripartito, las partes deben asumir su responsabilidad. Habida cuenta de la seguridad de sus recursos, los trabajadores tienen que considerar las ventajas de incrementar sus aportaciones a los fondos de ahorro, siempre y cuando estos les inspiren la confianza suficiente o, como en otros países, abrir una cuenta previsional en la que acumulen recursos, si el nivel de sus ingresos se los permite, sin importar si se encuentran temporal o permanentemente fuera del sector formal de la economía.

Acorde con las condiciones de pobreza, desigualdad y distribución factorial del ingreso, los empresarios deben apoyar la acumulación del fondo de retiro de los trabajadores de la mejor manera posible y sin pasarles factura mediante la contención de sus aspiraciones de incrementos salariales, de jornadas laborales similares a las del promedio de sus contrapartes en el resto de países con niveles de desarrollo similares, y de prestaciones cada vez que se revisan los contratos colectivos de trabajo.

El gobierno, como actor principal del esquema, debe proponer una legislación que compacte al máximo los beneficios de las entidades administradoras de los fondos de retiro; mejore el servicio y la difusión de información; maximice los rendimientos de las carteras sin incurrir en riesgos (inversiones) innecesarios o en financiamiento a actividades públicas inviables; no promueva cambios a las leyes con objeto de gravar a partir de cierto límite el monto máximo de las pensiones, porque ya antes fueron gravadas en la forma de ingresos de los trabajadores, ni busque sustituir el salario base de cotización por la Unidad de Medida y Actualización a fin de imponerle una cota máxima, y respete la calendarización de los ahorros acumulados por los trabajadores en un periodo compatible con su esperanza de vida real, no ficticia, es decir con el promedio dado a conocer por las instituciones especializadas en temas demográficos.

De la misma manera, la autoridad se debe abstener de amenazar con recurrir al fondo pensionario que han integrado a lo largo de tantos años los trabajadores, sin importar las circunstancias por las que atraviesen las finanzas públicas ni las del ahorrador, en particular su edad avanzada y su eventual fallecimiento, sino que asegure que el fondo se devuelva a quienes legítimamente son sus propietarios, los familiares directos. De la misma manera, debe impulsar la unificación de los dos grandes sistemas de seguridad social, sobre todo para fines de prestación de servicios de salud y de equivalencia de los beneficios que ofrecen sus fondos de pensiones, a partir de parámetros semejantes. Tiene que sustraerse de la tentación de financiar al pilar Cero (Programa Universal para Personas Adultas Mayores) con el pilar Dos (ahorro depositado por las instituciones de seguridad social en las Administradoras de Fondos para el Retiro). Debe dejar de evadir la instauración del seguro de desempleo, ausencia que le ha llevado a justificar que las necesidades de los desempleados se palíen, sin tratarse de sustitutos perfectos, con programas sociales destinados a los jóvenes que no estudian ni trabajan, a los adultos mayores, a las madres solteras, a las personas con capacidades diferentes, y a trabajadores del campo. Asimismo, debe llevar a cabo acciones que realmente propicien la reducción de la informalidad, principal causante de los bajos niveles de productividad y los limitados coeficientes en materia de densidad de cotización y de tasa de reemplazo. Es decir que mucha de la política asistencialista podría perfectamente ser reemplazada con políticas dirigidas por el sector laboral, con lo que se rescataría su carácter tripartita y se regresaría a sus beneficiarios la posición de agentes activos que les es consustancial.

Complementariamente, las instituciones de seguridad social deben reformular sus cálculos de tasa de reemplazo de acuerdo con los estándares internacionales (en particular el último salario percibido), y las financieras encargadas del manejo de las cuentas de retiro deben complementar su labor social apoyando la creación de cuentas individuales para los trabajadores informales, con lo que devolverían a la sociedad parte de lo que ésta les aporta en materia de utilidades.

Agradezco profundamente a cinco instancias en el campo de la política social por su contribución indirecta al entendimiento que he adquirido sobre el tema, y que se traduce en este libro. En primer lugar, a la Maestra Norma Samaniego Breach, por ser la iniciadora de mi incursión en el mismo, desde las esferas de la presidencia de la Comisión Nacional de los Salarios Mínimos y de la Subsecretaría del Trabajo y Previsión Social. En segundo, a la Comisión de Empleo, Trabajo y Seguridad Social (ELSA, por sus siglas en inglés), en la que fungí como delegado durante el proceso de incorporación de México a la Organización para la Cooperación y el Desarrollo Económicos (OCDE). En tercero, al Centro de Análisis y Estudios de la Seguridad Social (CAESS), una asociación civil en la que tuve la oportunidad de trabajar interdisciplinariamente el tema pensionario con muchos expertos, particularmente con el actuario Óscar Sandoval García. En cuarto, a la Universidad Autónoma Metropolitana, especialmente al Departamento de Producción Económica de la unidad Xochimilco, que me ofreció la suficiene apertura para investigar sobre este tema durante los años en que estuve adscrito como académico a ese plantel. En quinto a la unidad Iztapalapa de la misma institución, por ser mi centro de trabajo, en especial a la Maestría y Doctorado en Estudios Sociales línea Economía Social (MyDES-LES), porque ahí concluí mi formación doctoral para después hacerme cargo de su coordinación, entre 2016 y 2018, siempre dedicado a los temas de salarios, empleo, pobreza, desigualdad, distribución del ingreso, educación, salud y, por supuesto, pensiones.

No omito mencionar que la interacción con mis estudiantes ha jugado un papel crucial en la consolidación de mis ideas sobre economía social, particularmente los adscritos a la MyDES-LES, con los que pude convivir más allá del aula y el cubículo. Además de ellos, reconozco y me enorgullece el extraordinario trabajo de María José Posadas Bolaños, quien fue mi estudiante de Economía Internacional de la licenciatura en Economía y hoy se desempeña en el Banco de México, posicionada en Washington D. C. primero como estudiante de la Maestría en Economía de la Georgetown University y, después, como asesora del Director Ejecutivo del Fondo Monetario Internacional.

Me siento afortunado de haber interactuado, para éste y otros trabajos, con varias personas. En primer lugar, con el tallerista de la unidad Cuajimalpa, Marcos Hernández Onofre, de quien aprendí mucho sobre la determinación de los salarios y el *modus operandi* de las pensiones en la Universidad Autónoma Metropolitana. En segundo, con la Dra. Alicia Lindón Villoria, quien hizo un excelente trabajo como Coordinadora del Consejo Editorial de la División de Ciencias Sociales y Humanidades de la Universidad Autónoma Metropolitana unidad Iztapalapa hasta 2022, sin que ello fuera suficiente para que alcanzara a ver la luz un libro sobre economía social hermano del presente. En tercero, con el exalumno de Economía de la unidad Iztapalapa, Ernesto García Monroy, quien se desempeña como investigador en el Centro de Estudios de las Finanzas Públicas de la Cámara de Diputados, cuyos consejos sobre el tema presupuestario siempre he tenido en alto aprecio. En cuarto, con Ricardo Solís Rosales, quien estimuló enormemente la escritura de este libro, pero el tiempo no le alcanzó para leerlo y discutir sus resultados conmigo y otros colegas. En quinto, con Ignacio Llamas Huitrón y Nora Garro Bordonaro, a los que profeso agradecimiento y admiración por los años de trabajo compartido, por sus aportaciones en el campo de la economía social y por el nivel en que contribuyeron a colocar al posgrado. Su retiro de la vida académica, aún en proceso, deja dos huecos muy difíciles de llenar.

Como una vez dijo Ciro Alegría al referirse a la interacción humana, el mundo es ancho y ajeno. Así son también los caminos de la investigación en el campo de la política social; pero no por eso deben evadirse, ya que afectan a toda la sociedad. Tampoco deben verse de reojo por el hecho de que el sistema laboral mexicano propicia la informalidad, un problema endémico y estructural que sobrepasa en tamaño a la formalidad, caracterizado por la ausencia de contratos escritos y prestaciones, lo que prácticamente impide que esos trabajadores acumulen ahorros para su pensión. Y así como entre los principales agentes incumbentes del sistema pensionario (políticos, financieros, investigadores) hay algunos bien intencionados, también hay quienes se valen del carácter técnico del tema para ocultar y propiciar muchas de las penurias por las que atraviesa el grueso de pensionados. Al hacerlo omiten que, por su naturaleza, tales percepciones son una extensión de la vida laboral.

Este trabajo está escrito con el fin de aclarar muchas de las interrogantes que agobian a quienes se acercan o ya se encuentran en la edad del retiro. Busca, por tanto, hacer que cada vez sea más del dominio público el conocimiento respecto a la acumulación de los ahorros de los trabajadores, y recordar a estos y a la sociedad que las pensiones son un derecho por el que todos debemos luchar, pues aportamos o hemos aportado para hacerlo posible. Mientras tanto, las autoridades y las administradoras de fondos para el retiro se deben comprometer con el perfeccionamiento del sistema, nunca con el mal uso de esos recursos, que hoy día representan 26% del producto interno bruto, desviándolos a otros fines gracias a que se cuenta con los elementos legislativos para modificar cualquier ordenamiento legal.

Ciudad de México, septiembre de 2024

Introducción

Después de la instauración del Sistema de Ahorro para el Retiro (SAR), en enero de 1993, y de la reforma al sistema privado de pensiones, en 1995-1997, mediante modificaciones a las leyes del SAR y del Instituto Mexicano del Seguro Social (IMSS), cambió la perspectiva para el grupo más numeroso de trabajadores del país. Se dejó atrás el régimen de reparto (ley del IMSS de 1973), mediante el cual los trabajadores podían pensionarse gracias a los recursos que habían aportado quienes ya se encontraban en el sistema más los que se iban incorporando (sistema de reparto o *pay as you go*). En su lugar, se instauró uno de capitalización de cuentas individuales, gestionado por entidades financieras del sector privado a las que se acordó denominar Administradoras de Fondos para el Retiro (AFORE). Éste se basa en la experiencia de otros países, en particular Chile, que lo había puesto en operación en 1981 mediante las Adminiastradoras de Fondos de Pensiones (AFP), y que se creía estaba funcionando bien, aunque en 1995-1997 aún no se disponía de resultados jubilatorios.

Las razones para impulsar la reforma fueron múltiples. En primer lugar que el sistema estaba descapitalizado, no sólo porque la tasa de incorporación de nuevos cotizantes al IMSS no crecía al ritmo necesario para pagar las pensiones de quienes concluían su vida laboral, sino también porque el instituto había dispuesto de gran parte de esos recursos para mantener operando sus seguros de Enfermedades y Maternidad. Además, había llevado a cabo gastos impostergables en infraestructura hospitalaria y otros menos relevantantes en promoción del deporte, como la construcción de grandes estadios y el financiamiento a equipos deportivos costosos, especialmente de fútbol. En segundo lugar, la tasa de mortalidad infantil (niños menores de un año fallecidos por cada 10 mil que alcanzaban dicha edad) había disminuido de 125 en el año de creación del IMSS, 1943, a 27 en 1995 (Perdigón-Villaseñor y Fernández-Cantón, 2008); la esperanza de vida al nacer de los mexicanos había aumentado, en igual periodo, de 40 a 72 años promedio (Peláez Herreros, 2009; Nacional Financiera, 1995), y la tasa de crecimiento de la población se había reducido de 4.3% a 2.1% (CONAPO, 2023). Esto, junto con los mayores recursos hospitalarios y la evolución de los sistemas de salud, provocaba que en México, al igual que en casi todo el mundo, la vida laboral pudiera extenderse sin mayores problemas. En tercer lugar, y a consecuencia de lo anterior, se obsoletizaban muchos parámetros con los que había operado el IMSS desde 1973, entre ellos la posibilidad de jubilarse al cumplir 500 semanas de cotización (9.6 años), así fuese con la Pensión Mínima Garantizada (PMG), equivalente a un Salario Mínimo General (SMG) en el Distrito Federal (hoy Ciudad de México, CDMX).

Estos elementos estuvieron presentes en los debates e incluso varios se incorporaron de manera contundente a la exposición de motivos de la reforma previsional de 1995-1997. Además de ellos, los responsables del diseño del sistema de las AFORE, que trabajaban para los sectores público, empresarial y financiero, sabían que la informalidad era un problema consustancial a la economía mexicana. Aunque todavía no se le medía con precisión, estaba profundamente enraizada cuando se aprobó la ley del IMSS de 1973, y siguió creciendo durante los siguientes 20 años. A pesar de ello, sugirieron que con la reforma de 1995-1997 su coeficiente disminuiría, sobre todo porque los trabajadores y los propietarios de pequeños establecimientos encontrarían mayores incentivos para formalizarse.

Sobre la base anterior, la reforma de 1995-1997 partió de tres elementos fijos: cotizar al menos 1,250 semanas para poder jubilarse; tener por lo menos 65 años de edad para recibirla completa, aunque desde los 60 años se podía solicitar, en la forma de jubilación por edad avanzada, con una penalización distribuida entre cinco años a medida que se acercara a los 65, y aportar a su fondo de ahorro 6.5% de su SBC, de manera tripartita, con una participación preponderante del sector patronal. El SBC se compone de las remuneraciones totales, es decir los ingresos totales por trabajo incluyendo prestaciones sociales y económicas, percibidos por los trabajadores. A partir de esta información de carácter exógeno, y partiendo para la jubilación del SBC promedio obtenido durante los últimos cinco años previos, las corridas actuariales que se llevaron a cabo consideraron variaciones en cinco parámetros principales con el fin de determinar la expectativa de ingresos posjubilatorios: rendimiento de la inversión nominal obtenida por las instituciones financieras especializadas, evolución de la inflación, comisión por manejo de los fondos, densidad de cotización (tiempo cotizado al SAR sobre tiempo total en el mercado laboral, medido en porcentaje), y esperanza de vida al nacer, que en ese momento de acuerdo con las estadísticas era de 72 años (por género, la de las mujeres superaba en cuatro años a la de los hombres).

En dichos ejercicios actuariales casi no se tomaron en cuenta las salidas y regresos de la formalidad a la informalidad, tan comunes en el mercado laboral mexicano. De la misma manera, prácticamente se tomó por dado el hecho de que la aportación a los fondos de ahorro individuales debía fijarse en niveles muy bajos (apenas 6.5% del salario diario integrado de los trabajadores) y que la mayor aportación a dicho ahorro correría por cuenta de los empleadores (5.15%), ya que esto se compensaba con el hecho de que los trabajadores aportaban 5% de sus percepciones a su fondo de vivienda. En el entorno gravitaba lo castigado que se encontraban los salarios del país, desde el mínimo y el promedio industrial hasta el SBC al IMSS, por lo que era poco conveniente afectar más el ingreso disponible de los trabajadores.

El primer resultado a que llegaron las corridas fue una tasa de rendimiento real de las AFORE que se ubicaba entre las más altas del mundo, sobre la base de expectativas de inversión muy redituables y una comisión que, aún siendo más alta que en la mayoría de países, no reducía considerablemente los rendimientos, como tampoco lo hacía la inflación. Sin embargo, a medida que se aproximaba la conclusión de la vida laboral de la primera generación de pensionados con la nueva ley, después de 25 años de cotización (2022), quedaba claro que las proyecciones habían sido demasiado optimistas y que el descontento social se podría desbordar.

Al respecto se tenían como referencia las revueltas chilenas, exacerbadas en octubre de 2019, cuyo argumento principal había sido el bajo nivel de las pensiones, que alcanzaban una tasa de reemplazo de entre 20 y 40%. Las que se entregarían en México iban a ser de entre 20 y 30%, con un promedio de 26%, de acuerdo con datos de la Organización para la Cooperación y el Desarrollo Económicos (OECD, 2019a); incluso, muchas personas no alcanzarían pensión por no haber cotizado al menos 1,250 semanas a partir de julio de

1997. Aunque se manifestó que la principal causa de esto era el sistema laboral mexicano, cuyo nivel de informalidad afectaba a más de la mitad de la Población Económicamente Activa (PEA), también se reconoció que la aportación tripartita de 6.5% no había sido suficientemente alta.

Así se llegó a la reforma de 2020, aplicable exclusivamente a los trabajadores de empresas privadas inscritas en el sistema AFORE-IMSS, cuya principal característica fue la transición de 6.5% a 15% en la tasa de ahorro en un lapso de ocho años (2023-2030), coeficiente que seguirá siendo inferior a 24 de 35 países de la OCDE (OECD, 2019) para los que se tiene información. Incluso Chile podría ubicarse pronto en 16%, se consideraba en esos momentos, dependiendo de que se materializara una propuesta de reforma previsional del presidente Boric, la cual dejaría en 10% la aportación de los trabajadores y subiría a 6% la de los empledores.

Por supuesto no es posible preveer que la informalidad en México disminuya, como se volvió a asegurar durante la discusión de la reforma de 2020, sino que se establecería en cerca de 54%, lo que impide resolver el problema de la baja densidad de cotización. Con relación a la segunda característica, que es la reducción de 1,200 a 700 semanas de cotización en 2023 para alcanzar la pensión garantizada, éste no será un nivel mínimo permanente, sino que irá subiendo 25 semanas por año (en 2024 está en 825) para establecerse, al final del periodo de la reforma, en 1,000 semanas (19.2 años de trabajo formal ininterrumpido), el doble del que establecía la ley de 1995-1997. Las personas que no lo logren, tendrán como opción la Pensión Universal para Personas Adultas Mayores (PUPAM), financiada a partir de recursos fiscales (pilar Cero), la cual se estableció reformando una ley secundaria, la Ley Federal del Trabajo (LFT).

Aún no habían transcurrido cuatro años de la reforma previsional de 2020, cuando el Ejecutivo dio a conocer que estaba enviando al Congreso un paquete de 18 reformas constitucionales y dos de leyes secundarias que cubrían aspectos políticos, electorales, sociales y económicos. Dentro de ellas incluía su intención de crear un Fondo semilla de 64,619 millones de pesos para apoyar a los cotizantes AFORE-IMSS y AFORE-ISSSTE de 65 años y más que, habiendo cumplido con el mínimo de semanas cotizadas establecido por las instituciones públicas de seguridad social, no contaran con ahorros suficientes para recibir una pensión equivalente a su último salario percibido (alcanzar una tasa de reemplazo de 100%), siempre y cuando dicho nivel salarial no rebasara el promedio del SBC al IMSS, el cual se estableció en abril de 2024 en 16,777.78 pesos mensuales, equivalentes a 2.2 SMG, monto que se actualizaría cada año con la inflación. La propuesta original fue revisada y discutida en la Comisión de Seguridad Social de la Cámara de Diputados y, luego de su obligado tránsito por la de Senadores, dio lugar a dos decretos de fecha 31 de abril y 1° de mayo de 2024, abocados fundamentalmente a la creación del Fondo de Pensiones para el Bienestar, sin establecer compromisos específicos sobre los montos de los apoyos a cada jubilado, los cuales quedaron sujetos a la "disponibilidad de recursos" y a otros detalles que serían precisados en las reglas de operación de los decretos, las cuales se publicarían después de las elecciones generales del país, a celebrarse el 2 de junio siguiente.

El contenido del libro es el siguiente. El capítulo 1 analiza el amplio concepto de la seguridad social en México, desde su surgimiento en el mundo y su concepción en la Constitución Política de 1917, hasta su instrumentación a partir del la creación del IMSS, en 1943, aunque antes de esta fecha ya había habido instituciones públicas y privadas que experimentaron con la conformación de sistemas de reparto mediante una variedad de esquemas de ahorro, incluyendo cajas mutualistas.

El capítulo 2 analiza los cuatro pilares del sistema de pensiones de México: el Cero, de apoyo a adultos mayores desprovistos de seguridad social, a cargo del gobierno federal, sobre el que ya se hizo mención antes y se conoce como PUPAM; el Uno, para la generación de transición, particularmente la que se está jubilando con la ley del IMSS de 1973; el Dos, de contribución definida y capitalización individualizada, en virtud de las leyes del IMSS de 1995-1997 (AFORE-IMSS) y del ISSSTE de 2007 (AFORE-ISSSTE), y el Tres, de ahorro voluntario.

El capítulo 3 se refiere a la transición para los cotizantes AFORE-IMSS de la reforma de 1995-1997 a la de 2020, para cuya instrumentación entraron en juego varias consideraciones, en especial el hecho de que era excesiva la exigencia de 1,250 semanas de cotización para alcanzar al menos la pensión garantizada. Esto en virtud de la baja densidad de cotización, además de que se enfrentaba una tasa de reemplazo excepcionalmente baja.

El capítulo 4 analiza con el mayor cuidado posible el contenido y consecuencias de la reforma de 2020, aclarando que no tiene visos de ser una solución definitiva ni duradera frente a la severidad del problema pensionario de México, lo que deja abierta la posibilidad de arreglos institucionales, tal vez en un plazo perentorio.

El capítulo 5 se refiere a la propuesta de reforma previsional de 2024, enviada por el Ejecutivo al Congreso junto con otras 19 reformas. Aunque el paquete en su conjunto es muy ambicioso, se resaltan algunas modificaciones legales muy importantes para el Ejecutivo y el partido en el poder, entre ellas la previsional, razón por la que se espera que reciba un impulso especial para su desahogo en el periodo ordinario de sesiones del Congreso, el cual se cerraría el 30 de abril. Después de esa fecha, los legisladores concentrarían sus esfuerzos en las elecciones del 2 de junio para cubrir los puestos de Presidente de la República, 500 diputados federales, 124 senadores de la República y 20,079 cargos de representación local.

El capítulo 6 se dedica exclusivamente a analizar los dos decretos publicados en el *Diario Oficial de la Fedeación* el 30 de abril de 2024 (DOF, 2024a) y el 1° demayo de 2024 (DOF, 2024b), mediante los que se reforman diferentes leyes secundarias con el fin de crear el Fondo de Pensiones para el Bienestar. Al contrastar dichos documentos con la propuesta original, se hace ver que hay ajustes importantes, sobre todo en materia de financiamiento de los recursos complementarios de los pensionados para procurar que alcancen una tasa de reemplazo de 100%. Dichos recursos se complementan de alguna manera a partir del Pilar 2, lo que afecta su credibilidad como esquema de beneficio definido, sin que quede claro que existen fondos suficientes para asignar al jubilado la cantidad prometida y sin corridas actuariales que sustenten su sostenibilidad de largo plazo. Esto implica que, por una parte, se pone un grillete a los gobiernos futuros en materia de financiamiento de dichos compromisos después de que los Requerimientos Financieros del Sector Público (RFSP) están cerrando 2024 en un nivel reportado oficialmente de 5.9% del Producto Interno Bruto (PIB) y, por otra, se abre la posibilidad de futuros ajustes a las leyes secundarias recién reformadas.

Finalmente, y con base en todo lo anterior, se presentan las conclusiones.

1. La seguridad social en el mundo y en México

EL MUNDO

La seguridad social y, junto con ella, la conceptualización de un estado de bienestar, es producto de transformaciones legales y administrativas por medio de las cuales se crearon en diferentes partes del mundo instituciones públicas destinadas a mejorar la calidad de vida de los trabajadores y, por extensión, de la población en su conjunto. Dichas transformaciones tenían por objeto reducir las diferencias sociales generadas por la inequidad intrínseca del mercado y, al mismo tiempo, atender los reclamos surgidos de algunas actividades económicas que, dada su naturaleza, demandaban mayor protección. El proyecto se originó en Alemania a fines del siglo XIX, y se fue perfeccionando durante la primera mitad del siglo XX en otros países de Europa y en Estados Unidos. En la primera nación, Otto Von Bismark creó en 1883 un sistema de seguridad social compuesto por seguros obligatorios contra enfermedades y accidentes de trabajo, destinado a los trabajadores asalariados, al cual se agregaron, posteriormente, el seguro de Vejez e Invalidez, y contingencias como Maternidad y Muerte (Blackburn, 2010). Su financiamiento proviene de las cuotas impuestas a los empleadores y trabajadores y tiene un espectro limitado tanto en términos de las contingencias consideradas (seguros de enfermedad y vejez) como de la población protegida (trabajadores asalariados).

El esquema se replanteó en Gran Bretaña a mediados de la segunda Guerra Mundial con el objetivo original de considerar a los miembros del ejército que regresaban de la guerra, a partir de un estudio elaborado por el economista social y también parlamentario británico William Beveridge (1942). Su propuesta consistió en ampliar el esquema a todos los trabajadores asalariados, para pasar posteriormente a las personas sin trabajo, los menores de edad y las amas de casa, hasta llegar a los estratos de población que nadie atendía, los cuales se dejaron bajo la responsabilidad de la asistencia pública nacional. A dicha conceptualización se le conoce como Plan de Seguridad Social o Plan Beveridge, y se financia no sólo con las cuotas de los agentes del mercado laboral, sino también con los impuestos pagados por la población.

MÉXICO

Desde el punto de vista normativo, la seguridad social se estableció en México a través del artículo 123 de la Constitución Política de los Estados Unidos Mexicanos de 1917, en que se le menciona junto con la provisión de educación y vivienda, con lo que quedó contemplada la primera triada de la seguridad social mexicana. Ésta se ampliaría paulatinamente gracias a la incorporación de los esquemas de pensiones, la edificación y financiamiento de vivienda popular y los programas de combate a la pobreza.

A partir de lo anterior, en 1925 se expidió la Ley de Pensiones Civiles y de Retiro (DOF, 1925), destinada a la protección de "todos los encargados del servicio público que no fueran militares, incluyendo los de carácter docente, y cuyos cargos y remuneraciones estuvieran enumerados en las leyes orgánicas del respectivo servicio o en el Presupuesto de Egresos" (IIJ-UNAM, 2010). El fondo de pensiones creado mediante las aportaciones de los trabajadores y el Estado establecía que la jubilación podría ocurrir por Cesantía en Edad Avanzada o por Sobrevivencia e Invalidez, y que la edad mínima para alcanzarla sería 60 años, con un monto establecido como porcentaje del promedio del sueldo percibido en los últimos cinco años laborados.

El siguiente paso fue la promulgación, en 1929, de la Ley de Seguridad Social, mediante una reforma al artículo 123, cuya exposición de motivos destacaba la importancia de reducir la brecha de salud y la necesidad de considerarla como un derecho humano, para lo que apelaba a la asistencia médica, los servicios sociales y los medios de subsistencia como instrumentos para generar el bienestar individual y colectivo. El inciso XXIX del mismo artículo estableció que "Se consideran de utilidad social la expedición de la Ley del Seguro Social y ella comprenderá seguros de Invalidez, de Vida, de Cesación Involuntaria de Trabajo, de Enfermedades y Accidentes y otras con fines análogos". Por su parte, el inciso XXX determinó que "...serán consideradas de utilidad social las sociedades cooperativas para la construcción de casas baratas e higiénicas, destinadas a ser adquiridas en propiedad por los trabajadores en plazos determinados" (PJF, 2017).

EL IMSS

Con lo antes expuesto quedó pavimentado el camino para la creación, en 1943, del IMSS, institución que se convertiría en la de mayor relevancia para la salud y la seguridad social del país, financiada de manera tripartita por los trabajadores, los empleadores y el Estado. Sus derechohabientes eran en ese momento los trabajadores de empresas paraestatales, privadas y de administración social. A estos se agregaron, en 1955, los empleados de instituciones de crédito y otras organizaciones auxiliares de seguros y finanzas pertenecientes al Estado. Todos estos trabajadores alcanzaron a partir de ese momento cobertura para las siguientes contingencias: Accidentes de Trabajo y Enfermedades Profesionales; Enfermedades no Profesionales; Maternidad; Cesantía Involuntaria en Edad Avanzada, e Invalidez, Vejez y Muerte.

EL ISSSTE

A partir de la Ley de Pensiones de 1925 y de las ampliaciones materializadas en las reformas de 1946 y 1947, se creó en 1959 la segunda institución en importancia para la seguridad social del país, el Instituto de Seguridad y Servicios Sociales de los Trabajadores del Estado (ISSSTE), órgano público descentralizado con personal y patrimonio propios, cuya encomienda fue administrar los seguros, prestaciones y servicios de los trabajadores al servicio del Estado. Gracias a esto se hizo posible que, en términos generales, la responsabilidad de proveer seguridad social a los trabajadores de las empresas e instituciones privadas, incluyendo la conformación de sus sistemas pensionarios, recayera en el IMSS, y que el ISSSTE asumiera las mismas obligaciones para los trabajadores del sector público.

OTRAS INSTITUCIONES

Complementariamente, en 1976 se creó el Instituto de Seguridad Social para las Fuerzas Armadas Mexicanas (ISSFAM), con el fin de atender al personal del sector militar, sustentándose en la Ley de Retiros y Pensiones del Ejército y la Armada Nacionales de 1929. De la misma manera, se crearon sistemas de seguridad social propios para tres entidades de la administración pública federal: Petróleos Mexicanos (PEMEX), a partir del contrato colectivo de trabajo acordado por la entidad y los trabajadores en 1942; la Compañía Luz y Fuerza del Centro (CLFC) y la Comisión Federal de Electricidad (CFE). También lo hicieron algunas universidades estatales, al tiempo que los gobiernos estatales y municipales o bien crearon su propio instituto de seguridad social o bien establecieron convenios con el ISSSTE para la administración de sus pensiones y jubilaciones.

LA LEY DEL IMSS DE 1973

La así llamada Nueva Ley del Seguro Social, publicada en 1973, tuvo como propósito aumentar las prestaciones, la cobertura y los beneficios de los asegurados al IMSS. Para ello, se introdujo el capítulo de Incorporación Voluntaria al Régimen Obligatorio, en que se esperaba impactar a las industrias familiares y a las trabajadoras independientes del hogar. Complementariamente, se creó el seguro de Guarderías, se aumentaron las pensiones por Viudez e Incapacidad Permanente, y se preservó el principio de redistribución que permitía el otorgamiento de mayores beneficios a los asegurados con bajos salarios (Moreno Padilla, 1978).

En virtud de la rigidez en que se había incurrido con el sistema de financiamiento de capitalización colectiva, el cual no sólo no garantizaba viabilidad al modelo, sino que éste se encontraba completamente descapitalizado debido principalmente a la gran cantidad de recursos destinados al seguro de Enfermedades y Maternidad, además de que dependía de las inversiones federales para la creación de infraestructura y equipamiento hospitalarios, se transitó a uno de reparto puro. Éste se caracteriza por no contar con reservas, ya que se basa en el principio de que las aportaciones de los trabajadores activos alcanzan para mantener de manera directa a los jubilados. También se le conoce como de solidaridad intergeneracional, en virtud de que la generación cotizante financia la pensión de la generación jubilada, y así sucesivamente. Esto hace que las cotizaciones no se acumulen en un fondo, sino que se utilicen para solventar las necesidades cotidianas de los pensionados.

Evidentemente, el modelo de reparto puro deja de funcionar adecuadamente a medida que, por razones demográficas, de expectativa de vida y de tendencia a la desaceleración de largo plazo de la economía, la tasa de crecimiento de los cotizantes que se incorporan al sistema tiende a ser menor a la de los que se van pensionando. En especial, se hizo del dominio público que el seguro de Invalidez, Vejez, Cesantía en Edad Avanzada y Muerte (IVCM), no obstante contar con cinco décadas de funcionamiento, carecía de reservas, ya que no se le habían restituído los recursos que, en afán de la operabilidad del sistema en su conjunto, se habían transferido a los seguros de Enfermedades y Maternidad.

CREACIÓN DEL SAR

Ante estos problemas, que por razones de la crisis de la economía se hicieron palpables durante la década de los 1980, el gobierno promovió la privatización de los ahorros de los trabajadores mediante la expedición, en 1992, de una serie de reformas y adiciones a las leyes del Seguro Social, del Impuesto Sobre la Renta (ISR) y del Instituto del Fondo Nacional de la Vivienda para los Trabajadores (INFONAVIT). Sobre ello, se creó el SAR y se empezó a transferir 2% del salario de cotización de los trabajadores a cuentas individuales administradas por la banca recientemente reprivatizada. Paralelamente, se mantuvo la transferencia de 5% de dicho salario para su fondo de vivienda, administado por el INFONAVIT. Un año después se reformó la Ley del ISSSTE, a fin de que adoptara el esquema del SAR, dejando el manejo del fondo de vivienda bajo la responsabilidad del Fondo para la Vivienda del Instituto de Seguridad y Servicios Sociales de los Trabajadores del Estado (FOVISSSTE).

INSTAURACIÓN DE LAS AFORE

En 1995 se reformaron las leyes del IMSS y del SAR, que entraron en operación a partir del 1° de julio de 1997. En ellas se establecía que sería mediante un esquema de capitalización individualizada como los nuevos trabajadores, con sujeción a que lo permitieran sus ahorros, podrían hacerse acreedores a una pensión. En este esquema, el Estado cedía su lugar como administrador de los recursos de los trabajadores a las AFORE, instituciones financieras privadas creadas a partir de la experiencia chilena, la cual había arrancado 16 años antes, en 1981, mediante las AFP. Un camino similar se siguió 10 años después con los ahorros de los trabajadores al servicio del Estado, para lo cual se modificó la ley del ISSSTE. En este caso, el Estado mantuvo su propia administradora de pensiones, el Fondo Nacional de Pensiones de los Trabajadores al Servicio del Estado (PENSIONISSSTE), órgano público desconcentrado del ISSSTE, mandatado para recibir e individualizar las cuotas y aportaciones de los trabajadores, abrir, operar, administrar y hacer inversiones con los recursos de las subcuentas personales. Dicha AFORE maneja un monto muy importante de los recursos totales de este estrato laboral.

A través de ajustes acordados con sus respectivos sindicatos, instituciones como la CFE y PEMEX se homologaron al sistema de las AFORE en 2008 y 2015, respectivamente, mientras que los estados y municipios, así como las universidades públicas, optaron por perseverar en el esquema de beneficio definido e incluso de pensiones dinámicas.

Los cambios inducidos por el sistema de las AFORE fueron tan profundos que alcanzaron a los servicios médicos de los futuros jubilados del IMSS, aunque dejando a cada individuo la responsabilidad de generar los suficientes ahorros para adquirir su pensión, además de cotizar al menos 750 semanas, o 15 años, para mantener el Seguro de Enfermedades. Ante esto, y dada la configuración de las leyes no sólo del IMSS, sino también del ISSSTE, siempre está latente la posibilidad de que algunas personas, al salir del sector formal de la economía por falta de oportunidades de trabajo o por edad avanzada, no califiquen para gozar de una pensión ni de servicios médicos, a pesar de haber cotizado en dichos institutos. Así que, a partir de los cambios legales puestos en operación en 1997 y 2007, los trabajadores asalariados formales quedaron separados en dos vertientes: aquellos que ya cotizaban y que tenían la opción al final de su vida laboral de decidir con qué ley jubilarse —la que prevalecía hasta entrado 1997, de beneficio definido, o la nueva, con beneficio indefinido— y el resto de trabajadores, a los que se conocería como generación AFORE-IMSS en virtud de que, al ingresar al mercado laboral, deberían afiliarse a una institución financiera especializada que se encargaría de administrar, de manera individualizada, su fondo de ahorro para el retiro.

EL SEGURO POPULAR

Obviamente el esquema anterior deja fuera a los trabajadores o personas que no han cotizado, ya sea por pertenecer al sector informal de la economía, por coadyuvar al ingreso familiar sin ser trabajadores activos, por ser migrantes de retorno a México, o por no haber acumulado el número mínimo de horas de cotización reglamentarias ante el IMSS o el ISSSTE[1]. Para todos fines prácticos, esta porción de la población y sus familias, que constituyen más de la mitad de la población ocupada total, no cuenta con servicios médicos garantizados ni con un esquema pensionario. Para enfrentar el primer problema, en el marco del Programa Nacional de Salud 2001-2006 empezó a operar, en 2001, el Seguro Popular, abocado al aseguramiento paulatino de las personas de bajos ingresos que no contaban con una póliza de salud pública o privada, independientemente de si realizaban o no una actividad productiva o se trataba de asalariados o trabajadores por su cuenta. Para ello, se les afiliaba al seguro de manera voluntaria, cubriendo cuotas bajas o incluso nulas, en función de la solvencia

[1] Los jefes de familia y trabajadores involucrados en industrias familiares que se desempeñen como profesionales o pequeños comerciantes independientes, así como el resto de trabajadores asalariados, pueden afiliarse al IMSS mediante el régimen voluntario a través de una póliza, pagando una cuota anual cuyo monto se establece de acuerdo con su edad. Se trata del Seguro de Salud para la Familia (SSFAM), que cubre enfermedades y maternidad.

económica del titular. En el fondo, subyacía la idea de evitar que, a consecuencia de una enfermedad, cayeran en la pobreza o, siendo pobres, se empobrecieran más.

El Seguro Popular, financiado con recursos fiscales asignados anualmente a través del Presupuesto de Egresos de la Federación (PEF) que se complementaban con las aportaciones de los asegurados, atendía el cuadro básico de salud y emergencias, y cubría medicina ambulatoria, embarazo, parto y posibles complicaciones posparto, rehabilitación, urgencias, odontología, hospitalización, servicios quirúrgicos, análisis de laboratorio y medicamentos. Complementariamente, brindaba atención de nivel universal para padecimientos de muy alta incidencia en México, cuyo tratamiento es altamente costoso: leucemia infoblástica aguda en menores de 18 años, cáncer cérvico uterino, tratamiento antirretroviral de pacientes de VIH-SIDA, cuidados intensivos neonatales y cataratas en adultos mayores. Asimismo, cubría 266 tipos de atención médica, tanto preventiva como curativa, para padecimientos como VIH-SIDA, diversos tipos de cáncer, anemia, rubéola, sarampión, hepatitis A, asma en niños, hernia hiatal, resfriado común, hipertensión, etc., contando con 307 medicamentos asociados a tales padecimientos

EL INSABI

Aunque el Seguro Popular había partido de un diagnóstico correcto y durante 18 años entregó resultados convincentes, en 2019 se anunció que sería sustituido por el Instituto de Salud para el Bienestar (INSABI), organismo descentralizado con patrimonio y personalidad jurídica propios, que empezó a operar en 2020. Su encomienda fue garantizar la universalidad de la salud a través de la prestación de servicios gratuitos a la población que carece de seguridad social; es decir que cualquier persona sin aseguramiento tiene la posibilidad de acceder a medicamentos, análisis clínicos, estudios, diagnósticos, intervenciones quirúrgicas y hospitalización en los Centros de Salud, Centros de Salud con Servicios Ampliados (CESSA), Unidades Médicas IMSS-Bienestar, Unidades de Especialidades Médicas (UNEMES) y Hospitales Rurales, Centros Comunitarios y Generales. Para ello no se requiere afiliación, sino simplemente la presentación de una identificación oficial.

Las disposiciones anteriores se complementaron con una reforma al artículo 4° de la Constitución, sobre derechos humanos, llevada a cabo el 8 de mayo de 2020 la cual, en el párrafo correspondiente a salud, establece lo siguiente:

> Toda persona tiene derecho a la protección de la salud. La Ley definirá las bases y modalidades para el acceso a los servicios de salud y establecerá la concurrencia de la Federación y las entidades federativas en materia de salubridad general, conforme a lo que dispone la fracción XVI del artículo 73 de esta Constitución. La Ley definirá un sistema de salud para el bienestar, con el fin de garantizar la extensión progresiva, cuantitativa y cualitativa de los servicios de salud para la atención integral y gratuita de las personas que no cuenten con seguridad social (Cámara de Diputados, 2022).

LA PANDEMIA DE LA COVID-19 Y EL IMSS-BIENESTAR

La creación del INSABI en la víspera del surgimiento de la pandemia de la Covid-19, cuyo impacto más fuerte se registró en 2020-2021 y situó a México como el quinto país más afectado del mundo (Gutiérrez-Rodríguez y Pérez-Méndez, 2022) influyó en que el sistema no lograra consolidarse, ya que una parte considerable de los recursos destinados al sector salud, lo mismo presupuestales y financieros que administrativos, humanos y de infraestructura, tuvieron que usarse para la aplicación de vacunas contra el virus SARS-CoV-2 y para atender a las personas contagiadas. Aun así, la porción de la población sin ningún acceso a la salud logró reducirse en 2020 a 27%, como muestra la gráfica 1, aunque la que no contaba con pensión era de cerca de 60%, según habrá de precisarse más adelante.

Gráfica 1. Estructura de la población considerando su afiliación a la seguridad social % en 2020

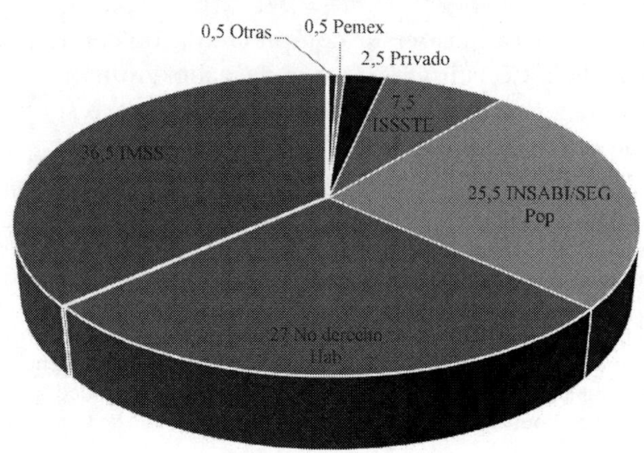

Fuente: con cifras de Presidencia de la República

Ante estas circunstancias, en agosto de 2022 se expidió el decreto de creación del Organismo Público Descentralizado IMSS-Bienestar, con el propósito de alcanzar en tres años la meta de que todas las personas sin seguridad social tuvieran acceso a los servicios de salud, habida cuenta de que con el INSABI dicha cobertura se había reducido y que el sistema había enfrentado un serio problema de desabasto de medicinas debido al experimento de centralización de su adquisición a través de la Oficialía Mayor de la Secretaría de Hacienda y Crédito Público (SHCP).

De acuerdo con el decreto, el IMSS-Bienestar ya no se encontraría dentro de la estructura del IMSS, sino que funcionaría de manera paralela a éste, con su propia conformación, patrimonio, dirigencia y junta de gobierno. Esta última estaría presidida por el titular del IMSS, apareciendo en seguida los titulares de la Secretaría de Salud (Ssa), la SHCP, la Secretaría del Trabajo y Previsión Social (STPS), y la Secretaría del Bienestar (SB). Asimismo, se incluyeron un representante del Sindicato mayoritario al que estuviesen afiliados los trabajadores y cuatro órganos normativos del IMSS, designados por el titular de éste (DOF, 2022).

Quedó clara la intención de federalizar los servicios de salud y que una sola institución fuera la responsable de la infraestructura necesaria, el personal y la capacitación de éste a fin de integrar los nuevos centros de salud. Textualmente, el objetivo del organismo se definió de la siguiente manera:

> Brindar a las personas sin afiliación a las instituciones de seguridad social atención integral gratuita médica y hospitalaria con medicamentos y demás insumos asociados, bajo criterios de universalidad e igualdad, en condiciones que les permitan el acceso progresivo, efectivo, oportuno, de calidad y sin discriminación alguna, ya sea mediante el Modelo de Atención Integral a la Salud, del Instituto Mexicano del Seguro Social o, en su caso, el Modelo de Atención a la Salud para el Bienestar, mismo que debe considerar la atención integral que vincule los servicios de salud y la acción comunitaria, según lo determine su Junta de Gobierno (DOF, 2022).

El decreto también establece que los recursos anualmente asignados a través del PEF al IMSS-Bienestar no podrán quedar por abajo de los correspondientes al ejercicio fiscal inmediato anterior; es decir que el presupuesto deberá mantener una tasa positiva de crecimiento. En lo que se refiere a los gastos catastróficos, la atención a las necesidades de infraestructura de las entidades federativas con mayor marginación y el complemento de recursos necesarios para el abasto y distribución de insumos y exámenes clínicos, se propone la creación del Fondo de Salud para el Bienestar, fideicomiso sin estructura orgánica destinado a administrar los recursos del INSABI (en este aspecto se mantiene vigente dicho organismo).

LA PENSIÓN UNIVERSAL PARA LAS PERSONAS ADULTAS MAYORES

Por lo que se refiere a las personas que alcanzan la edad mínima requerida para su jubilación, de acuerdo con lo establecido en las leyes del IMSS y del ISSSTE, pero no pueden ser beneficiarias de dichas instituciones, ya sea porque no cotizaron en ellas, lo hicieron por periodos menores a los mínimos establecidos en su legislación y/o realizaron sus actividades económicas en condiciones de informalidad, la reforma al artículo 4° constitucional del 8 de mayo de 2020, previamente enunciada, incluye el siguiente párrafo:

> Las personas mayores de sesenta y ocho años tienen derecho a recibir por parte del Estado una pensión no contributiva en los términos que fije la Ley. En el caso de las y los indígenas y de las y los afroamericanos esta prestación se otorgará a partir de los sesenta y cinco años de edad (Cámara de Diputados, 2022).

Posteriormente, se modificó el Acuerdo por el que se emiten las Reglas de Operación del Programa Pensión Para el Bienestar de las Personas Adultas Mayores para el ejercicio fiscal 2021, a fin de que, a partir de ese año, dicho estipendio se hiciera efectivo desde los 65 años[2].

REFORMA PENSIONARIA DE 2024

Finalmente, en 2024 se publicaron los decretos del 30 de abril y el 1° de mayo, por medio de los cuales se creaba el Fondo de Pensiones para el Bienestar y se esbozaba el nivel mínimo de pensión al que podían aspirar los cotizantes al IMSS y al ISSSTE que hayan cumplido con sus requisitos mínimos de jubilación, en términos de edad y de número de semanas cotizadas. Dicho nivel mínimo sería

---

2 Además de garantizar la salud gratuita a las personas de bajos recursos y ofrecer una pensión a aquellas que llegan a y rebasan los 65 años, el artículo 4 constitucional incorpora dos nuevos párrafos con los que se buscan garantizar apoyos económicos a quienes se encuentran en condiciones vulnerables. El primero se refiere a "las personas que tengan discapacidad permanente en los términos que fije la Ley", dando prioridad a "las y los menores de dieciocho años, las y los indígenas, y las y los afroamericanos hasta la edad de 64 años, y las personas que se encuentren en condiciones de pobreza". El segundo alude al otorgamiento de "un sistema de becas para las y los estudiantes de todos los niveles escolares del sistema de educación pública, con prioridad a las y los pertenecientes a las familias que se encuentren en condiciones de pobreza, para garantizar con equidad el derecho a la educación" (Cámara de Diputados, 2022). Por supuesto esto no refleja el verdadero panorama de la política social, que en el caso de los grupos de población más necesitados se centró, durante los gobiernos de 1992 a 2018, en el programa de combate focalizado a la pobreza, el cual empezó denominándose Solidaridad y fue cambiando a Progresa, Oportunidades y Prospera (Gutiérrez-Rodríguez, 2016). A partir de 2019, el enfoque agrega a los grupos vulnerables ya descritos los programas Sembrando Vida, Jóvenes Construyendo el Futuro, Jóvenes Escribiendo el Futuro, Becas Bienestar y Apoyo para Hijos de Madres Trabajadoras.

el equivalente a su último salario percibido (tasa de reemplazo de 100%), siempre y cuando éste no rebasara el promedio del SBC al IMSS, establecido en abril de 2024 en 16,777.78 pesos mensuales, equivalentes a 2.2 SMG, monto que se actualizaría cada año con la inflación. Para el pago de éste (en realidad la diferencia entre el nivel pensionario a que se hacen acreedores los trabajadores en función de sus aportaciones y el salario que percibían al momento de su jubilación) se recurriría al Fondo de Pensiones para el Bienestar, cuya principal fuente de financiamiento serían los recursos no reclamados de las AFORE y los fondos de vivienda de los trabajadores inactivos que hubieran cumplido 70 años, si cotizan al IMSS, y 75, si cotizan al ISSSTE. Los decretos no establecen compromisos sobre los montos de los apoyos a cada jubilado, ya que estos quedan sujetos a la "disponibilidad de recursos" y a otros detalles que serían precisados en las reglas de operación, las cuales se publicarían después de las elecciones generales del país, a celebrarse el 2 de junio siguiente.

Una particularidad del estrato poblacional de 65 años y más es que, de acuerdo con cifras de los censos generales y los conteos de población y vivienda levantados en el siglo XXI, ascendía a 5.7 millones de personas en 2005 y pasó a 10.3 millones en 2020; es decir, creció a una tasa promedio anual de 4.0%, con la expectativa de duplicar su valor absoluto en 17.5 años (al cierre de 2022): 11.4 millones de personas. Por su parte, la población total llegó a 103.3 millones en 2005, y pasó a 126 millones en 2020, con un crecimiento promedio anual de 1.3% y una expectativa de duplicación de su valor absoluto en 54 años, es decir hasta 2059 (cálculos elaborados a partir de INEGI, 2022)[3]. Esto quiere decir que a finales de 2022 la población total habría llegado a 129.3 millones de personas, y de ésta la de 65 años y más representaría 8.8%, coeficiente que, al compararse con el de 2005 (5.5%), evidencia un rápido proceso de envejecimiento del país y la importancia de diseñar estrategias previsionales financieramente sostenibles, sin que ello implique que sean injustas o dejen de reconocer las aportaciones de las personas a la sociedad a lo largo de su etapa laboral.

---

[3] Para el cálculo de la duplicación en el número de años se parte del supuesto de que se mantienen constantes las tasas de crecimiento y se aplica la fórmula "del 70"; es decir, Años de duplicación=70/tasa observada de crecimiento.

2. *Los cuatro pilares del sistema de pensiones de México*

EL ESQUEMA MULTIPOLAR

La propuesta original sobre un esquema múltiple (multipilar) de financiamiento de los sistemas de pensiones tiene sus raíces en Banco Mundial (1994), y se refuerza con trabajos como el de Holzmann y Stiglitz (2000). Dicha propuesta se basa en la conveniencia de contar con sistemas compuestos por tres vertientes: una administrada por el sector público, no autofinanciable, la cual deberá ser de carácter obligatorio y tener como único fin la reducción de la pobreza de las personas mayores; una de carácter privado, capaz de generar sus propios recursos (estar permanentemente fondeada), y una voluntaria, también de carácter privado, por definición con fondos propios.

EL SISTEMA MEXICANO

En cierto modo, el sistema mexicano es más complicado que el multipolar, ya que involucra cuatro pilares, los cuales se asocian a las siguientes fuentes de financiamiento: recursos fiscales (aportaciones gubernamentales administradas por la Secretaría del Bienestar (anteriormente de Desarrollo Social, SEDESOL) en la forma de un Programa Universal para Apoyar a las Personas Mayores (PUPAM), sin importar si provienen del sector formal o del informal; recursos provenientes de aportaciones privadas e instituciones públicas que se insertan en el sector formal de la economía (particularmente IMSS e ISSSTE), y recursos asociados a ingresos propios y a aportaciones gubernamentales bajo sistemas de reparto. Con estos se apoya a trabajadores de estados, municipios, universidades públicas y organismos dependientes total o parcialmente del presupuesto federal (PEMEX, hasta 2015; CFE, hasta 2008; ISSFAM y SHCP), como se pone de manifiesto en el cuadro 1.

Cuadro 1. Pilares e instituciones del sistema de pensiones en México

Pilares e instituciones del sistema de pensiones en México

	IMSS	ISSSTE	PEMEX	CFE	ISSSFAM	SHCP	SEDESOL[a]
Pilar cero							Pensión para Adultos Mayores (PAM)
Pilar uno	Ley de 1973 - reparto (generación de transición)	Décimo transitorio - reparto (generación de transición)	Esquema de reparto hasta 2015	Esquema de reparto hasta 2008	Esquema de reparto vigente	Paga pensiones de reparto de empresas estatales desaparecidas: LFyC; FERRONALES	
Pilar dos	Ley de 1997 (contribución definida)	Cuentas individuales (contribución definida)	Trabajadores que empiezan a trabajar en 2016 transitan a cuentas individuales (contribución definida)	A partir de 2008 se adhiere al IMSS bajo esquema de contribución definida			
Pilar tres	Ahorro voluntario en cuentas individuales del SAR	Ahorro solidario: el trabajador aporta 1 peso, el ISSSTE 3.25 pesos		CIJUBILA con aportaciones del trabajador y de CFE			

Fuente: Elaboración propia con datos del CIEP, 2017.
[a] A partir de 2019 Secretaría del Bienestar.

a. A partir de 2019, Secretaría del Bienestar.
Fuente: Villarreal y Macías (2020).

En otros términos, el *pilar Cero* se refiere a la pensión que a partir de 2019 el gobierno federal otorga a las personas adultas mayores de todo el país, y cuyo antecedente es un programa similar dirigido a dicho estrato poblacional creado en 2001 en el Distrito Federal (hoy Ciudad de México), con objeto sobre todo de evitar que dichos individuos, estando fuera de la pobreza, cayeran en ella. No se podría decir que, si ya son pobres, abandonarán esta condición con el estipendio, pues es muy bajo: en 2024 asciende a 3,000 pesos mensuales, cantidad que representó apenas 40% de un SMG, que se aplica en todo el país, excepto los municipios próximos a la zona fronteriza del norte, contra los que equivale a 26.7%, a pesar de haber creciendo a ritmos más altos a los de la inflación a partir de 2020. Esta asignación se financia de manera no contributiva: en el caso de México con recursos públicos cargados al PUPAM. El monto en 2021 fue de 150.1 miles de millones de pesos, y subió a 465 mil millones en el PEF de 2024, con lo que representó 1.5% del Producto Interno Bruto (PIB), creciendo a una tasa promedio anual de 46%.

El *pilar Uno* tiene un carácter obligatorio y de beneficio definido o de reparto, el cual, para el caso del IMSS, se integra de manera tripartita con una bolsa común conformada con 10.3% del SBC de los trabajadores. Dicho coeficiente se reparte de la siguiente manera: empleadores, 7.95%, de los que 5.95% son para el fondo pensionario y 2.0% para el seguro de retiro; trabajadores, 2.125%, y gobierno, 0.225%, el cual operó hasta la puesta en vigor de la reforma de 1995-1997. Para el caso del ISSSTE, la bolsa se integra reteniendo a los trabajadores 7% de su salario, y operó hasta la puesta en marcha de la reforma de 2007. En ambos casos, el nivel de recursos de la bolsa depende de la diferencia entre los ritmos a los que ingresan nuevos cotizantes *vis a vis* los que van saliendo para jubilarse. Si la diferencia es positiva, el fondo es sostenible; si es negativa, pierde viabilidad de largo plazo. Este sistema adquirió un carácter transicional a partir de las reformas a las leyes del IMSS y SAR antes mencionadas.

El *pilar Dos,* de beneficio indefinido, con base en la capitalización individualizada, también tiene un carácter obligatorio. En él cada individuo es dueño de sus ahorros, los cuales deberán verse incrementados o modificados dependiendo del balance entre los rendimientos que se obtengan de las inversiones que realicen las administradoras de los fondos de pensiones y los costos en el manejo de las cuentas (comisiones). Dadas las reformas puestas en marcha en 1997 y 2007, cuyas consecuencias se presentan en el cuadro 2, éste es con mucho el pilar preponderante en el país y tiende a crecer, como seguramente lo hará el pilar Cero, mientras que el pilar Uno se irá difuminando. Desafortunadamente, como se verá a lo largo del trabajo, los ajustes legales propuestos por el Ejecutivo a partir de 2006, aprobados por el Legislativo y soslayados por el Judicial, hasta llegar a la reforma de 2024, ponen en entredicho el espíritu con que fue creado.

En estricto sentido, debería alcanzar su maduración en 2027 para los trabajadores formales privados y en 2037 para los del Estado, tomando como referencia 30 años mínimos de aportaciones continuas de los entrantes en los años de cierre. Empero, si se considera la discontinuidad del mercado laboral mexicano (entradas a la formalidad y salidas temporales de ésta), la depuración de ambos, particularmente del segundo, se podría extender hasta 2047.

Cuadro 2. Sistema de pensiones IMSS de acuerdo con las leyes de 1973 y 1997

	Ley de 1973	Ley de 1997
Origen de los recursos	Gobierno federal, a través del Instituto	AFORE del trabajador, con base en el saldo acumulado
Número mínimo de semanas cotizadas	500	1,250
Edad	Cesantía: 60 a 64 años Vejez: más de 65 años	Retiro anticipado: menos de 60 años Cesantía: 60 a 64 años Vejez: más de 65 años
Monto	Promedio de los últimos cinco años trabajados previo el retiro	De acuerdo con los recursos ahorrados en la AFORE, los rendimientos netos obtenidos y la expectativa de vida

Fuente: con base en las leyes del IMSS de 1973 y 1997 y el diseño de México Evalúa (2023a)

El *pilar Tres* es de carácter voluntario. Una forma de acceder a él es cuando la persona interesada tiene el convencimiento de integrar, durante su vida productiva, un fondo de ahorro administrado por una compañía especializada, a fin de contar con recursos al alcanzar la edad de retiro. Otra forma es incrementar los recursos que le retienen por ley los patrones a los trabajadores formales, con el fin de gozar, al final de la etapa laboral, de una mejor pensión. También se incluyen aquí los planes privados de pensiones y *ad hoc* de los empleadores. Todos tienen la característica de ser flexibles y discrecionales.

En el pasado se han hecho intentos por reducir el número de instituciones públicas que cuentan con sus propios sistemas previsionales, desembocando desafortunadamente en esquemas que de ninguna manera se pueden considerar comparables con los del resto de la población y que siguen siendo muy onerosos para la administración pública federal. Como ya se manifestó en el cuadro 1, a partir de 2008 los trabajadores de la CFE se incorporaron a los servicios del IMSS y empezaron a conformar, vía contribuciones definidas, sus fondos individualizados de pensiones, como establece el SAR. En 2015 sucedió algo similar en materia de pensiones con los trabajadores de PEMEX, aunque estos tienen la ventaja de que cuentan con una amplia red hospitalaria en la que reciben atención médica para ellos y sus familiares, lo que da un carácter de exclusividad a su sistema de seguridad social. Por su parte, al momento de aceptar su incorporación al IMSS, los trabajadores de la CFE se aseguraron de contar con un beneficio paralelo. Mediante un acuerdo con la directiva de la CFE, el Sindicato Único de Trabajadores Electricistas de la República Méxicana (SUTERM) gestionó la creación de cuentas individuales complementarias mediante el fondo de jubilación denominado Cuenta Individual de Jubilación (CIJUBILA), también de contribución definida. Éste aplica para los trabajadores de la empresa que hayan ingresado a partir del 19 de agosto de 2008, permanentes y temporales, sindicalizados y de confianza, y se constituye con una aportación por parte de la empresa equivalente a 10% del Salario Base de Integración (SBI) y por parte de los trabajadores de 6.7%. El monto resultante, de 16.7% del SBI, es administrado por ambas partes[4] (SUTERM, 2023).

En el cuadro 1 también se observa que la SHCP administra los pasivos laborales de dos entidades públicas desaparecidas. La primera es Luz y Fuerza del Centro (LFC), la cual se extinguió por decreto presidencial el 11 de octubre de 2009 (DOF, 2009), con una plantilla de 45 mil trabajadores sujetos a indemnización, quienes progresivamente han ido aceptando compensaciones mensuales que en 2022 eran de un mínimo de 3,200 pesos y un máximo de 67,000 pesos. La segunda es Ferrocarriles Nacionales de México (FERRONALES), desincorporada en 1997, oficialmente extinguida el 4 de junio de 2001, y puesta en liquidación el 10 de octubre de 2012 (DOF, 2012), con 24,343 jubilados hasta 2020. Estos no han corrido con la misma suerte que sus correligionarios de LFC, ya

---

[4] El SBI está constituido por 30 conceptos: Salario, Fondo de Ahorro, Aguinaldo, Fondo de Previsión Social, Prima Vacacional, Ayuda de Transporte, Ayuda para Despensa, Diferencias de Salario, Tiempo Extraordinario Triple, Ayuda para Energía Eléctrica, Prima Dominical, Vacaciones Pagadas, Compensación por Fidelidad, Ayuda para Transporte Adicional, Cuota de Arrastre, Pago por Trabajos de Emergencia, Salario por Vacaciones de Temporales, Fondo de Ahorro Aportado por CFE (generado por tiempo extra), Pago de Fondo de Previsión Social (generado por tiempo extra), Incentivo de Actuación, Compensaciones, Días de Descanso Contractual Laborado Cláusula 53 C.C.T., Días Festivo Coincidente, Festivo/Descanso Laborado, Festivo Laborado Turno Adicional y Turno Continuo, Turno Adicional, Pago Partes Proporcionales por Permisos, Diferencia de Días de Descanso Trabajados Cláusula 53 C.C.T., Diferencias de Salario por Vacaciones, y Días de Descanso Contractual Laborado Cláusula 53 C.C.T. (SUTERM, 2023).

que repetidamente se ha puesto en entredicho el fideicomiso creado en 1997 para pagar sus pensiones, mismo que se materializa en una transferencia anual de 18 millones de pesos que hace la SHCP al Sindicato de Trabajadores Ferrocarrileros de la República Mexicana (STFRM).

Entre otros momentos difíciles para cumplir con este compromiso de transferencia de recursos, durante la preparación y ejecución del PEF 2020 se habló de su suspensión “por razones de austeridad”, en el marco de un cuestionamiento a todos los fideicomisos creados por dependencias de los gobiernos anteriores al 1 de diciembre de 2018 (El Pulso Laboral, 2019; Martínez González, 2020). Finalmente, el Congreso aprobó la eliminación de 109 fideicomisos, con lo que se trasladaron 135,000 millones de pesos a la SHCP para su ejecución, incluyendo 33,000 millones del Fondo de Salud para el Bienestar, 25,400 millones del Fondo Nacional de Desastres Naturales (FONDEN) y 15,900 millones de los fideicomisos administrados por el Consejo Nacional de Humanidades, Ciencia y Tecnología (CONAHCyT) para apoyar las actividades generales y sectoriales de investigación y desarrollo (Forbes, 2022). Sorpresivamente, no apareció en la lista el fideicomiso de las pensiones para el personal de FERRONALES.

No se han observado todavía intentos de transformación de los sistemas de seguridad social de los trabajadores de los estados y municipios. A pesar de contar muchos de estos con institutos de seguridad social administrados localmente, como el ISSSTEP, en el caso del Estado de Puebla, y el ISSEMyM, en el caso del Estado de México, no sólo han dejado que su sistema pensionario siga siendo de reparto sino que, por añadidura, es dinámico. Es decir que, por una parte, está sujeto a los recursos que aportan los trabajadores en activo y, por otra, el personal que se va jubilando —particularmente con los puestos de mayor nivel y directivos— recibe los mismos ingresos a que tendría derecho si siguiera laborando. Para reunir dichos recursos se necesita que los institutos reciban apoyo financiero de las tesorerías locales, lo que descapitaliza a ambos y debería dar lugar a la intervención de un tercero, el gobierno federal, lo que se dificulta excesivamente en el marco de un federalismo fiscal cada vez más limitado. Esto deja menos recursos disponibles a las instituciones locales para atender los ingentes problemas del desarrollo económico, en particular infraestructura urbana, seguridad informática, seguridad pública, recursos humanos, educación y capacitación.

EL CASO DEL ISSFAM

No se debe pasar por alto que, en un regímen que pugna por la igualdad, la resistencia a modificar algunos modelos previsionales, como los de las universidades públicas y de los estados y municipios, puede explicarse por las incongruencias que implica no contrar con sistemas públicos unificados. El que parece más difícil de aceptar es el que se generó a partir de 2008 por decisión de los poderes Ejecutivo y Legislativo, los cuales se dieron a la tarea de modificar progresivamente la Ley del Instituto de Seguridad Social para las Fuerzas Armadas Mexicanas, garantizando a los militares pensiones cercanas o superiores a 100% de su último salario percibido (ISSFAM, 2019) mientras que, como se verá más adelante, la tasa de reemplazo promedio es de 26% para el país (OECD, 2019). El segundo es el que ya se mencionó de las dos grandes empresas públicas, CFE y PEMEX, por medio del cual sus trabajadores tienen garantizados sistemas de seguridad social y montos de pensiones sustancialmente superiores al promedio del sector público. El tercero tiene que ver con la enorme diferencia en términos de monto superior a las pensiones que ofrecen a sus cotizantes el IMSS y el ISSSTE, y que parte de la división que hace el artículo 123 constitucional entre trabajadores de la iniciativa privada y trabajadores al servicio del Estado.

LA SECUENCIA DE AJUSTES LEGALES ENCAMINADOS A REDUCIR EL MONTO DE LAS PENSIONES

Sobre la base constitucional anterior, la primera estrategia fue llevar a cabo una ronda de modificaciones a partir de 2006 a la ley del Impuesto Sobre la Renta (ISR) con el fin de gravar la porción de ingresos superior a 10 SMG del monto percibido por los pensionados[5].

---

[5] Por ejemplo, en 2022 el Sistema de Administración Tributaria (SAT) infomó que "Los ingresos por jubilaciones, pensiones, haberes de retiro, así como las pensiones vitalicias u otras formas de retiro provenientes de la subcuenta del Seguro de Retiro o de la subcuenta de Retiro, Cesantía en Edad Avanzada y Vejez, previstas en la Ley del Seguro Social o las provenientes de la cuenta individual del Sistema de Ahorro para el Retiro prevista en la Ley del ISSSTE, están exen-

La segunda consistió en modificar la ley del ISSSTE, a efecto de topar el monto máximo que podía percibir un pensionado en 10 SMG, dejando el del IMSS en el nivel que ya tenía de 25 SMG. La tercera estrategia fue sustituir el SMG por la Unidad de Medida y Actualización (UMA) como instrumento de determinación de las pensiones tanto del IMSS como del ISSSTE y por supuesto de las AFORE. Con esto se generaron diferencias sustanciales entre los ingresos previsionales de quienes cotizaron para una y otra institución.

Si se considera que en 2024 la UMA quedó establecida en 108.57 pesos diarios, mientras el SMG llegó a 248.93 pesos (la brecha entre ambas unidades crece año con año debido a que la legislación obliga a la UMA a ajustarse a la inflación, que creció 34% entre 2018 y 2024, mientras el SMG aumentó 182%), queda claro que la pensión máxima alcanzable por un trabajador de la iniciativa privada es en 2024 de 81,427 pesos mensuales brutos, mientras la de uno del ISSSTE es de 32,571 pesos brutos, 60% menos que la primera. Es decir que, no obstante que el derecho laboral mexicano establece principios de igualdad, como el de "a trabajo igual, salario igual", esto no se aplica en el ámbito previsional. Asimismo, a pesar de la insistencia de empresas y personas de ser objeto, como agentes económicos, de certidumbre jurídica, ésta se vuelve cada vez más esquiva.

Como se observará al leer el capítulo 6 de este trabajo, en 2024 sobrevino el golpe más fuerte al sistema previsional, ya que el Ejecutivo propuso y el Legislativo aprobó que sean transferidos ahorros acumulados por los trabajadores a lo largo de su vida productiva del pilar Dos (AFORE) al pilar Cero (no contributivo), si estos no se han reclamado y el titular ya no se encuentra activo y ha cumplido 70 años, si cotizo al IMSS, y 75, si cotizó al ISSSTE.

---

tos del Impuesto Sobre la Renta (ISR) hasta por un monto de 1 mil 443.3 pesos diarios o 43 mil 299 pesos al mes para el periodo 2022."

3. De la reforma de 1995-1997 a la de 2020

LA SORPRESA CAUSADA POR UNA NUEVA PROPUESTA DE REFORMA

Un elemento sorpresivo para quienes no necesariamente estaban involucrados en el debate pensionario es que en 2020, a apenas 23 años de haberse puesto en operación en México el sistema AFORE-IMSS de 1997, con el que se sustituyó al obsoleto sistema de reparto, lo cual se hizo con argumentos demográficos y de finanzas públicas, nuevamente se llevaba a cabo una campaña para cambiarlo, dándose a conocer un diagnóstico que respaldaba la eventual reforma a las leyes del IMSS y del SAR (CONSAR, 2020). Como generalmente sucede en el país, este nuevo viraje legal se apoyó en la denostación de aspectos específicos del esquema de contribución indefinida y capitalización individualizada que tanto se había ensalzado para justificar la reforma de 1995-1997. Frente al optimismo que manifestaban en aquel año el gobierno, los empresarios y las instituciones financieras por transitar a las AFORE, diversos economistas, actuarios, politólogos y por supuesto representantes de los trabajadores se habían mostrado pesimistas, sustentando sus argumentos en una serie de razonamientos.

En primer lugar, habían manifestado que las administradoras pertenecen a un sector que era visto con gran recelo a mediados de los noventa, en virtud de la crisis financiera de 1995 y de la posterior solución al quebranto financiero de los bancos, absorbiendo los contribuyentes, por decisión del Congreso, una deuda que persiste hoy día. Esto al transitar del Fondo Bancario de Protección al Ahorro (FOBAPROA), que se había creado en 1990 como un recurso de contingencia para enfrentar posibles problemas financieros, constituido con ahorros del propio sistema, al Instituto para la Protección al Ahorro Bancario (IPAB).

En segundo lugar, repudiaban la intención de aligerar la carga a las finanzas públicas mediante su desvinculación de las pensiones, ya que consideraban que esas erogaciones deben verse como un costo social intrínseco a los sistemas de reparto que, como estableció Beveridge (1942), corresponde al Estado asumir.

En tercer lugar, era evidente que se dejaba en indefensión a los trabajadores frente a las AFORES, ya que el gobierno se convertía en la parte que menos aportaba a la formación de los ahorros y, aunque los empleadores llevaban la mayor carga, una vez individualizada la cuenta, la negociación se volvía bilateral, trabajador-administradora.

En cuarto lugar, existía la sensación de que esa mayor aportación del patron a la conformación del ahorro del trabajador se le cobraría conteniendo sus incrementos salariales y sus prestaciones económicas y sociales de largo plazo.

En quinto lugar, de acuerdo con los análisis costo-beneficio efectuados por algunos economistas, quedaban en entredicho los rendimientos reales que ofrecerían las AFORE, las cuales prometieron desde su instauración composiciones de cartera basadas en el sistema financiero mexicano con las que conseguirían tasas muy superiores a las del mercado de dinero, particularmente los Certificados de la Tesorería de la Federación (CETES), además de que apoyarían el desarrollo económico del país. Sin embargo, cobraban comisiones mucho más altas a las que prevalecían internacionalmente. Con esto, como muestra la nota de pie de la gráfica 2, más adelante, los cálculos de rendimiento de la propia CONSAR bajan a 3%.

EL DIAGNÓSTICO DE LA CONSAR

Los trabajadores que en 2022 empezaron a jubilarse con la ley puesta en operación en 1997, después de 25 años continuos de cotizar al IMSS, corroboraron que, debido al pago de la comisión mencionada, sus rendimientos se redujeron 25%. De acuerdo con un diagnóstico llevado a cabo por la Comisión Nacional del Sistema de Ahorro para el Retiro (CONSAR, 2019), sólo 24% del grupo habría cumplido en 2022 con las 1,250 semanas de cotización requeridas por el IMSS para tener derecho a la pensión (gráfica 2); el resto se haría acreedor a la devolución del monto ahorrado hasta ese momento, a veces pasando por el trago amargo de recurrir a un pleito legal, que empezaría con un amparo. Sólo 17% de esas personas calificaba para obtener la pensión garantizada, que en 2019 era de 3,080 pesos mensuales, considerando que el SMG era de 102.68 pesos diarios (3,199 según el estudio de la CONSAR, que no efectúa el cálculo directamente sobre el SMG del año corriente). La diferencia entre la mensualidad que obtendría el pensionado de acuerdo con los ahorros acumulados en la AFORE y un SMG la cubriría el gobierno federal habida cuenta de que aquél hubiese cotizado al menos durante 500 semanas, continuas o discontinuas. Otro dato relevante que muestra la gráfica es que, mientras 43% de los hombres habrían acumulado las 1,250 semanas reglamentarias al momento de su jubilación, sólo 30% de las mujeres lo habían hecho, siendo las principales razones las ausencias por maternidad y las labores de apoyo al hogar.

Gráfica 2. Cotizantes de la generación AFORE-IMSS en 2018 considerando 1,250 semanas cumplidas. Composición porcentual (%)

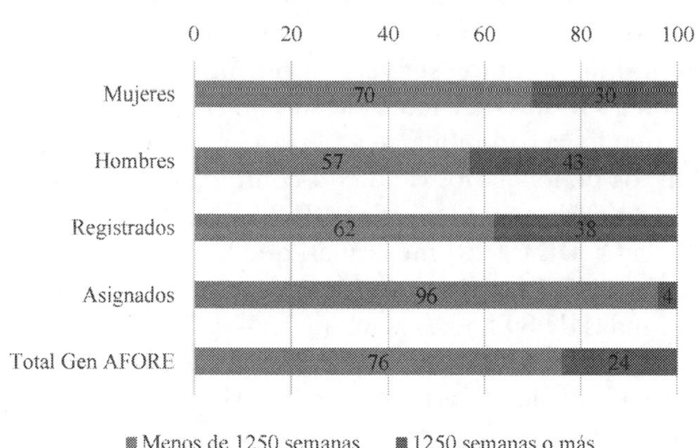

Supuestos: la acumulación de aportaciones termina cuando el trabajador cumple 65 años; se considera una tasa de rendimiento anual de 4%, previo al cobro de comisiones, y una comisión por el manejo de los recursos de 0.98% sobre el saldo acumulado; trayectoria salarial plana.
Fuente: CONSAR (2019)

Por supuesto, la alternancia de los trabajadores mexicanos entre formalidad e informalidad era perfectamente conocida por los especialistas de la CONSAR. Todos los estudiosos del mercado laboral mexicano y de los sistemas previsionales en los ámbitos académico, privado, público y financiero lo sabían, ya que se trata de una característica que ha distinguido por siglos a México, y que parece tener sus orígenes en el comercio tianguista de la época precolombina, lo que hace que incluso se observe de manera más pronunciada que en otros países en desarrollo. Así que la informalidad, definida como una relación laboral con ausencia de un contrato escrito y/o sin el beneficio de la seguridad social, en la que se incluye el autoempleo, afectaba en 1995 a 44.5% del total de trabajadores subordinados y remunerados, mientras 67.2% de la población ocupada no tenía acceso a las instituciones de seguridad social (INEGI/STPS, 2005).

Lo anterior llevó a los especialistas de la CONSAR a referirse en su diagnóstico a otro concepto fundamental de la jerga jubilatoria, la tasa de reemplazo; es decir, la relación que tendría el monto de la pensión de la generación AFORE-IMSS respecto al promedio de los ingresos percibidos durante los cinco años previos a su jubilación (no al último año, como establece la norma internacional). Sobre esta base, llegó a un coeficiente de sólo 49%, incluyendo a los trabajadores que lograban jubilarse gracias a la pensión garantizada. Si se omitían los beneficiarios de dicho complemento y se tomaba en cuenta a todo el sistema previsional (IMSS, ISSSTE y otros), las estadísticas de la OCDE (2019) mostraban que la tasa de reemplazo promedio bajaba a 25.7% y, si se consideraban exclusivamente las personas pensionadas de 80 años, caían aún más, a 21.3% (OECD, 2019). Estos eran los terceros niveles más bajos de los países miembros de la Organización, sólo superiores a los de Gran Bretaña y Lituania, como muestra la gráfica 3, mientras el promedio para la OCDE era de 48.9%.

Gráfica 3. Tasas brutas de reemplazo en los países de la OCDE en 2018

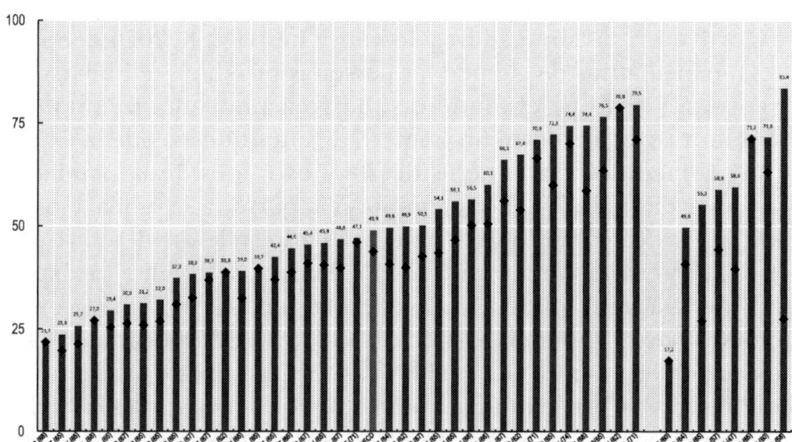

Valores promedios (barra) y a los 80 años (rombo), todo en %
La tasa bruta de reemplazo se refiere al cociente pensión recibida al momento de jubilarse/último salario percibido, en porciento.
El valor entre paréntesis a un lado del nombre de cada país, en el eje horizontal, se refiere al año que establece la ley para alcanzar la jubilación, determinado principalmente por la expectativa de vida al nacer.
Fuente: OECD (2019a)

Así, las cifras revelaban que el ahorro tripartito en México destinado a la integración del fondo previsional del trabajador es bajo y que, al momento de concluir su vida laboral, éste recibe en promedio como pensión apenas una cuarta parte de su último salario. Es decir que, si en promedio una persona tenía ingresos salariales de 10,268 pesos mensuales en el periodo previo a su jubilación, una vez consumada ésta bajarían a 2,638.88 pesos, cantidad equivalente a apenas 85.7% de un SMG mensual en 2019 (3,080.40 pesos). Por supuesto, la parte complementaria para alcanzar un SMG corre por cuenta del gobierno federal. Debe resaltarse, sin embargo, que los cálculos los hacen el IMSS y el ISSSTE considerando expectativas de vida más altas a las que señalan las estadísticas del INEGI (2022a) y del Banco Mundial (2024).

ESTIMAR ADECUADAMENTE LOS PARÁMETROS

Calcular en sus simuladores de pensiones (IMSS, 2024; ISSSTE, 2024), expectativas de vida de las personas próximas a jubilarse de 80 años provoca que el fondo de ahorro acumulado, o bono, del trabajador se divida entre un número de años que excede la expectativa promedio actual, que es de 70 años (antes de la pandemia llegó a ser hasta de 75). Por ejemplo, si la persona se jubila a los 65 años, el fondo o bono que tiene acumulado se le divide entre 180 meses (correspondientes a 15 años). Pero si se tomara la expectativa de vida real, más tres años de margen, se le dividiría entre 96 meses (correspondientes a ocho años), y eso implicaría que sus mensualidades fueran 87.5% más altas. Haciendo esto se evitaría la redundancia de mencionar la aportación gubernamental, la cual se podría reservar en la forma de PUPAM a expensionados AFORE-IMSS y AFORE-ISSSTE de 74 años y más. Evidentemente estas aseveraciones tienen algo de intuitivo, pero la duda se podría despejar si los especialistas de la CONSAR dieran a conocer las edades a las que fallecen los pensionados.

Para la revisión crítica del sistema, la CONSAR tomó en cuenta los perfiles de ingreso, de edad, laborales y de otra índole que tenía disponibles en 2018, y que correspondían a los 39.5 millones de cuentas de la generación AFORE-IMSS. Dicha población fue dividida en dos subgrupos: registrados y asignados (aquellos que no eligieron AFORE y se les asignó una), lo que arrojó densidades de cotización distintas (diagrama 1). Para los trabajadores registrados, que ascendían a 23.8 millones, ésta era en promedio de 51%, y para las cuentas asignadas, que llegaban a 15.7 millones, el coeficiente era de 35%. La densidad de cotización de los 39.5 millones (periodo de aportación promedio a la AFORE de dichas personas respecto al tiempo laborado) fue de 44.3%. Es decir que de las 1,250 semanas que se requerían para solicitar una pensión, sólo tenían acumuladas en promedio 554.

Diagrama 1. Posibilidades de pensión generación IMSS AFORE

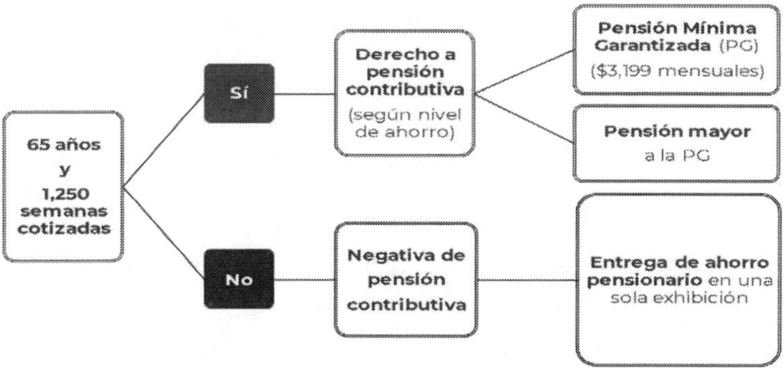

65 años y 1,250 semanas cotizadas
Sí
Derecho a pensión contributiva (según nivel de ahorro)
Pensión Mínima Garantizada (PG) ($3,199 mensuales)
Pensión mayor a la PG
No
Negativa de pensión contributiva
Entrega de ahorro pensionario en una sola exhibición

Fuente: CONSAR (2019)

Otros dos datos que se deben resaltar son, por una parte, que un trabajador debía acumular en su cuenta de retiro por lo menos 702,240 pesos para poder garantizar una pensión de 3,080 pesos mensuales en caso de que se jubilara a los 65 años y viviera otros 19 (nótese que esto implica una expectativa de vida al momento de la jubilación de 84 años, lo que no parece tener ningún sustento estadístico, pero así lo hizo la CONSAR). Por otra, que 76% del total de trabajadores afiliados al IMSS que cotizarían en 2022 con un salario insuficiente para jubilarse se debía a que ganaban menos de 12,500 pesos mensuales (aproximadamente 2 SMG de 2023), por lo que para alcanzar la pensión garantizada tendrían que recibir el apoyo del gobierno federal. No se necesita entrar a los detalles para darse cuenta que, sobre la base de una expectativa de vida al momento de jubilarse de 84 años, y en un país donde el salario promedio en esos años, calculado por la propia CONSAR, era equivalente a 1.9 SMG, a muchos trabajadores se les conculcaría su derecho a recibir una pensión, aún habiendo cumplido con los requisitos de edad y de número de semanas cotizadas, y las AFORE se erigirían como las víctimas de este triste desenlace, necesitadas de transferencias gubernamentales para honrar compromisos que en el momento de edificación del sistema (reforma de 1995-1997) se habían estipulado como inobjetables.

REFORZAR EL MERCADO LABORAL

Pero aún obviando lo anterior, si la CONSAR sabía de tiempo atrás que se iban a suscitar problemas de insuficiencia con los fondos de pensiones ¿por qué esperó hasta el último momento para hacerlos públicos? Evidentemente por dos razones, ambas más políticas que económicas. En primer lugar, no actuó sola, sino junto con el poder Ejecutivo. En segundo, lo hizo sabeedora de que en el sistema legislativo mexicano las iniciativas de ley tienen más posibilidades de pasar cuando a los legisladores, sobre todo los de oposición, se les imprime sentido de urgencia.

Previa la promulgación de la reforma a la ley del ISSSTE, en 2007, un grupo de estudiosos de los asuntos laborales, de salud y pensionarios reunidos en torno al Centro de Estudios y Análisis de la Seguridad Social, A. C. (CAESS) dedicamos muchas horas en debates semanales, a lo largo de varios años, para discutir las perspectivas del sistema IMSS AFORE, al que estaba por sumarse el sistema AFORE-ISSSTE. Concluimos que el modelo instaurado en 1997 estaba obsoleto prácticamente desde que arrancó, y que su problema principal no era necesariamente, como se argumentaba en esos días, que el nivel de ahorro era muy bajo (6.5% del SBC al IMSS), pues debido a lo castigado de los salarios y a la aportación de 5% por parte del trabajador al fondo de vivienda resultaba muy difícil incrementarlo. Lo que se requería, manifestábamos, era cumplir con siete requisitos:

i) reducción de las comisiones, las cuales eran sustancialmente mayores a las internacionales;

ii) invertir los recursos totales, que en ese entonces se acercaban a 13% del PIB, en instrumentos realmente redituables, que garantizaran rendimientos varios puntos porcentuales superiores a la inflación más las comisiones, como se había ofrecido en 1995, considerando el *expertise* de las administradoras;

iii) un mayor compromiso por parte de los empleadores para que los trabajadores incrementaran a lo largo de su vida el número de semanas cotizadas al IMSS (y al ISSSTE);

iv) mejorar los salarios reales para estimular el ahorro voluntario de los trabajadores en las propias AFORE;

v) repartir más equitativamente los recursos federales reduciendo paulatinamente los privilegios que implicaba la existencia de sistemas previsionales como los de las Fuerzas Armadas, las universidades, los estados, los municipios y las Empresas Productivas del Estado (EPE);

vi) instaurar un sistema único de seguridad social, con plena portabilidad al menos entre el IMSS y el ISSSTE, y

vii) garantizar seguridad jurídica a los ahorradores.

4. *La reforma de 2020*

ELEMENTOS ESENCIALES

Los aspectos esenciales de la reforma, no necesariamente idénticos en la evaluación de la CONSAR (2020) y en el decreto de reforma a las leyes del IMSS y del SAR (DOF, 2020), debido principalmente a rezagos de uno y hasta de dos años en el inicio de su aplicación, se presentan a continuación.

- Incremento gradual de las contribuciones a las cuentas para el retiro de los trabajadores, desde 6.5% de su SBC en 2022 –con 2023 como año de transición– hasta 15% en 2030, como muestra la gráfica 4 (línea alta continua). La composición de las contribuciones es diferente entre trabajadores que perciben desde un SMG hasta 4.0 UMA, y aquellos que perciben desde 4.01 hasta 25 UMA (nivel establecido como tope). Este segundo caso, que se ha manejado como el más importante, es el que se presenta en la gráfica. Como se observa, la contribución patronal pasa de 3.15% en 2023, a 11.875% del SBC en 2030 (barra mayor), niveles a los que se debe agregar la cuota patronal de 2%, fija a lo largo del periodo, correspondiente al ramo del Retiro (barra menor, constante). Con esto, la graduación sube de 5.15% al principio del periodo, a 13.875% al final de éste[6]. La aportación del trabajador se mantiene sin cambio en 1.125% del SBC (línea discontinua vertical).

---

6 Para niveles de SBC desde un SMG hasta 4.0 UMA, el incremento de la cuota patronal pasa de 5.15% para el primer nivel (ya incluye la cuota patronal por el ramo de Retiro de 2%), hasta 12.077% al final del periodo, en el caso de remunerados con hasta 4.0 UMA. Complementariamente, en este rango de asalariados se concentra en su totalidad la aportación del gobierno y debe ser tal que, al sumarse con la aportación patronal, totalice 13.875% del SBC. Con base en su propuesta redistributiva del ingreso, dicha aportación desciende de 8.724% para un SMG, a 1.798% para 4.0 UMA.

Gráfica 4. Composición de las aportaciones como % del salario base de cotización a partir de la reforma pensionaria de 2020

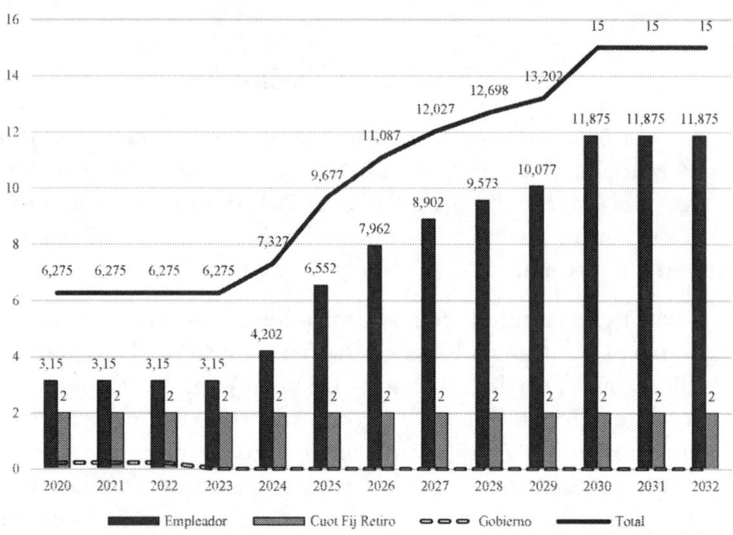

Salarios de 4 UMA en adelante
Fuente: con base en Banxico (2021)

- La participación de cada uno de los agentes involucrados antes de la reforma (hasta el 31 de diciembre de 2020) y después de concluido el proceso y de observarse la recomposición de las aportaciones (31 de diciembre de 2030) se presenta en la gráfica 5. La primera barra se refiere a la situación prevaleciente hasta 2020, en que se evidencia una aportación global de 6.5% respecto al SBC: 5.15% por parte de los patrones, 0.225% por parte del gobierno, más cuota social, y 1.125% por parte de los trabajadores. La segunda barra corresponde al efecto acumulado hasta el final del periodo para quienes perciben desde un SMG hasta 4.0 UMA, con un nivel total de ahorro que sube a 15% de su SBC, del que 12.077% corre por cuenta de los patrones, y 8.724% se refiere a la cuota social erogada por el gobierno, obtenida por los trabajadores que se ubican en el nivel salarial más bajo de ese *bracket,* descendiendo hasta 1.798% para el nivel salarial tope de hasta 4.0 UMA. La tercera barra corresponde al efecto, también acumulado hasta el final del periodo, para aquellos que perciben más de 4.0 UMA. Por supuesto su nivel total de ahorro corresponde también a 15% de su SBC, pero sólo lo cubren los patrones (13.875%) y los trabajadores (1.125%); por razones de ingreso, aquí ya no aplica la cuota social (Banxico, 2021).

Gráfica 5. Participación en la formación del ahorro pensionario antes (2020) y después (2030) de completada la reforma (%)

1/ La cuota social se ubica en un rango de 8.724% para trabajadores con un ingreso de 1 salario mínimo a 1.798% para los trabajadores con ingresos de hasta 4 UMA. En el caso de las aportaciones patronales, ésta va de 5.151% para trabajadores con un ingreso de 1 salario mínimo a 13.875% para trabajadores con ingresos de 4 UMA en adelante.
Fuente: Elaboración propia con información de la Ley del Seguro Social.

1/ A partir de la consolidación del periodo de transición
Fuente: BANXICO (2021)

- La Ley establece lo anterior en términos un poco diferentes: el gobierno federal aportará mensualmente, por cada día de salario cotizado, una cuota social para los trabajadores que tengan ingresos de hasta 4.00 UMA, la cual será de 10.75 pesos para quien reciba un SMG y bajará progresivamente hasta 6.25 pesos para quien tenga ingresos de entre 3.51 y 4.00 UMA. En ingresos desde un SMG hasta 2, 3 y 4 UMA, el proceso de erogaciones complementarias a las que hasta 2022 ya realizaban el empleador y el trabajador las efectúa el gobierno federal, considerando que los empresarios cubrirán en 2023 desde

3.150 por un SMG hasta 4.241 puntos porcentuales para 4.00 UMA, y llegarán a 11.875 en 2030 para 4.01 UMA en adelante. En todos los *brackets* de UMA por supuesto las aportaciones de los empresarios van aumentando. Las correspondientes a los ramos de Cesantía en Edad Avanzada y Vejez que superen las 4 UMA a erogarse de enero a diciembre de 2023, las efectúa el gobierno federal a través de una cuota social que empieza en 2.45 pesos por cada día de salario cotizado y desciende hasta 1.00 para el nivel de 6.01 hasta 7.09 UMA (DOF, 2020).

- El 15% de ahorro sobre el SBC para 2030 implica 2.3 veces el nivel que se tenía hasta 2020; aún así, seguirá siendo inferior al promedio de países de la OCDE que, como muestra la gráfica 6, fue de 18.2% en ese año. Empero, si no se dan otros cambios en la OCDE, superará a Lituania (8.7%), Australia (9.5%) Rep. de Corea (9.0%), Canadá (10.5%), Turquía (10.6%), EUA (10.6%), Dinamarca (12.8%), Costa Rica (13.5%) y Colombia (14.1%). Asimismo, varios países se situarán en un nivel alrededor del doble de México, particularmente Italia (33%), República Checa (28%) y Francia (27.8%).

Gráfica 6. Contibución pensionaria obligatoria, países OCDE, % de ingresos brutos 2018

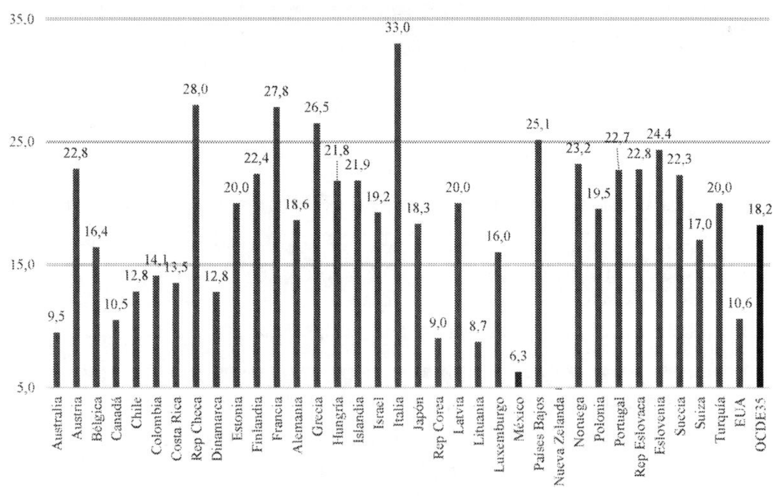

Fuente: OECD (2019a)

- En 2019 Chile enfrentó serios problemas sociales debido a la insatisfacción de los trabajadores que se iban jubilando con las AFP. Del nivel de 12.8% que se presenta en la gráfica 6, 10.5% era aportado por el trabajador y el restante 2.3% promedio por el empleador. De acuerdo con estudios elaborados a principios de 2022, cuando el presidente Boric tomó posesión, 72% de las pensiones chilenas eran inferiores a un SM, y uno de cada cuatro jubilados recibía una pensión que estaba por abajo de la línea de pobreza. La insatisfacción ha generado cambios importantes: el aporte a la salud es ahora de 8.5% del salario a cargo del empleador y 4% a cargo del trabajador y, en el caso de la pensión, se discute en el Congreso establecer el nivel de ahorro total en 16%, 12% a cargo del empleador y 4% a cargo del empleado, siendo lo más significativo el uso que se daría al 6% de recursos adicionales[7]. Esa experiencia debería ser muy significativa para México.
- Volviendo a la reforma de México, la atención respecto a la tasa bruta de reemplazo se centró en los trabajadores de más bajos ingresos, quienes serían objeto del apoyo complementario que implica la PUPAM. En el caso de los que percibieran hasta 1 SMG de ingresos, lo que implicaba una tasa de reemplazo de 69% y cumplieran con 1,250 semanas de cotización, el 31% complementario para subir la tasa a 103% lo recibirían a través de la PUPAM. Para los siguientes niveles la medición se hace en UMA: los que tienen ingresos al momento de su jubilación de hasta 2 UMA, reciben un apoyo de 24%; para los de 3 UMA, el apoyo es de 16%; para los de 4 UMA, de 12%, y para los de 5 UMA, de 10%, como muestra el cuadro 3. Con esto, la tasa de reemplazo desciende de 103% en el primer caso a 54% en el quinto, y se obtiene un promedio ponderado de 46%

---

7 La mencionada reforma previsional fue presentada en noviembre de 2022 por el Presidente Boric y aprobada en su idea de legislar en la Comisión de Trabajo y Seguridad de la Cámara de Diputados y Diputadas en enero de 2023. Originalmente, el proyecto planteó que el 6% de la cotización adicional se destinara en su totalidad a la creación del Seguro Social, para mejorar las actuales y futuras pensiones, a través de una garantía de 0.1 Unidades de Fomento (UF) de pensión por año cotizado; compensación a las mujeres por mayor expectativa de vida; y complementos por labores de cuidados, entre otros beneficios (Ministerio de Hacienda, 2024).

(esta cifra es fundamental para la decisión de llevar a cabo una nueva reforma cuatro años después).

Cuadro 3. Tasas de reemplazo por nivel de ingresos en la reforma a la Ley del IMSS de 2020, considerando 1,250 semanas de cotización y 65 años cumplidos (%)

Leyes	1SMG	2 UMA	3 UMA	4 UMA	5 UMA
1997	102	64	46	35	31
2020	103	102	76	58	54
De las que PAM	34	24	16	12	10

Fuente: con base en SHCP, Proyecto de reforma pensionaria de 2020

- Por su parte, y a diferencia de lo expuesto en el cuadro 3, Banxico (2021) proyectó que la tasa de reemplazo se elevaría en promedio 40%, pasando de 25% a 62%, como muestran las dos últimas barras de la gráfica 7.

Gráfica 7. Tasas de reemplazo % del salario base de cotización promedio

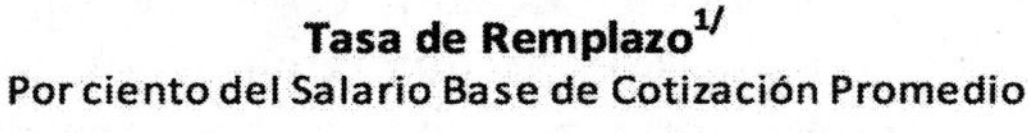

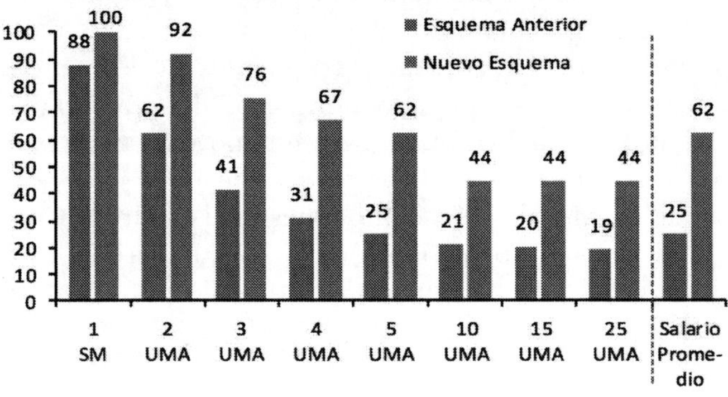

Fuente: Banxico (2021)

- De acuerdo con un estudio posterior a la implantación de la reforma (Zamarripa, 2021), el monto de la pensión garantizada se incrementa del promedio prevaleciente en 2021 de 3,289 pesos mensuales (80% de un SMG) a 4,345 pesos en igual lapso (32% más). Dicha cantidad se determina en función de la edad, el salario y las semanas de cotización, oscilando entre 0.7 y 2.2 veces el SMG, que en ese año era precisamente de 4,345 pesos mensuales; es decir, deja de ser una cantidad única.

- Otro ajuste significativo fue la disminución de 1,250 semanas de cotización (25 años) a 750 semanas (15 años) como requisito mínimo para que un trabajador reciba una pensión garantizada. Después de la baja inicial, la cual opera a partir de 2021, el número aumenta en 25 semanas cada año hasta alcanzar 1,000 semanas (20 años) en 2031, que de cualquier manera es inferior a las 1,250 que se tuvieron hasta 2020, como muestra la gráfica 8. De acuerdo con cálculos de la CONSAR, esto permitirá aumentar en más del doble el número de trabajadores que logren pensionarse, tomando en cuenta que la edad mínima para hacerlo se mantiene en 60 años, aunque el beneficio máximo en términos de recursos obtenidos (mensualidades) se logra a partir de los 65 (DOF, 2020) y debe considerarse la alternancia formalidad-informalidad que caracteriza al mercado laboral mexicano. Esto implica un rediseño de la red de protección a los trabajadores con la menor densidad de cotización.

Gráfica 8. Número mínimo de semanas de cotización al IMSS para tener derecho a la pensión

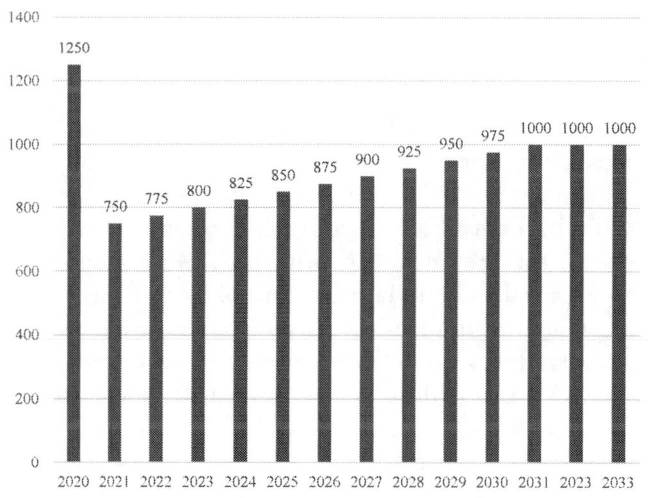

Fuente: con base en DOF (2020)

- La reforma prometió que de manera perentoria se reduciría el cobro de las comisiones que realizan las AFORES, a fin de que sean compatibles con los estándares internacionales. Hasta 2020 eran de cerca de 1%, mientras el promedio internacional se ubicaba en 0.7%. En Chile bajaron a partir de finales de 2021 a 0.58%. En el cuadro 4 se muestra una reducción considerable, que las homologa con las de dicho país.

Cuadro 4. Comisiones de las AFORES en 2022 y 2023
Tasas como porcentaje del Salario Medio de Cotización

Siefore adicional	Comisión 2022	Comisión 2023
Citibanamex (SIAV2)	0.57	0.57
Profuturo (SIAV)	1.25	0.57
Profuturo (SAC)	1.25	0.57
SURA AV1	1.40	0.57
SURA AV2	1.30	0.57
SURA AV3	1.25	0.57
XXI Banorte Ahorro Individual (SIAV)	0.57	0.57
XXI Banorte Previsión 1 (SPS1)	0.57	0.57
XXI Banorte Previsión 2 (SPS2)	0.57	0.57
Promedio Siefores Adicionales	**0.97**	**0.57**

Fuente: CONSAR (2022)

- Una vez más, como sucedió con la ley del IMSS de 1997 y con los ajustes posteriores referidos a la composición de las edades de los ahorradores y de las carteras, durante la negociación de la reforma de 2020 las autoridades financieras y los titulares de las AFORE expresaron su convicción de que debían incrementarse los rendimientos ofrecidos por las Sociedades de Inversión Especializada de Fondos para el Retiro (SIEFORE). Para ello, se acordó imprimir a las sociedades que corresponden a los ahorradores desde muy jóvenes hasta de edades medias, una mayor diversificación de cartera, lo que implica riesgos más altos y financiamiento a proyectos de infraestructura. Esto a pesar de la experiencia que se tenía debido a las minusvalías que se experimentaron durante la crisis financiera de 2009.

- Otro ordenamiento de la reforma fue que los titulares pueden efectuar retiros de sus cuentas de ahorro voluntario sin requerir periodos predefinidos, en contraposición con la situación que prevalecía previamente, en que estos podían llevarse a cabo sólo después de que transcurrieran seis meses.
- Asimismo, se establece que es imprescriptible "el derecho del trabajador o pensionado y, en su caso, de sus beneficiarios, a recibir los recursos de la Subcuenta de Retiro, Cesantía en Edad Avanzada y Vejez" y que, sin perjuicio de ello, "el Instituto podrá disponer de dichos recursos a los diez años de que sean exigibles sin necesidad de resolución judicial, siempre que constituya una reserva suficiente para atender las solicitudes de devolución de los trabajadores, pensionados o beneficiarios" (IMSS, 2020, Art. 302)[8].
- Finalmente, se posibilita la combinación de esquemas de rentas vitalicias con retiros programados.

LOS RENDIMIENTOS REPORTADOS POR LA CONSAR

La CONSAR reportó en 2023 que el rendimiento histórico promedio de las AFORE de 1997 al cierre de 2022 fue de 10.50% en términos nominales y de 4.68% en términos reales, aclarando que las SIEFORE Básicas mostraron un rendimiento nominal de 6.48% y real de 1.86% en los últimos 10 años (CONSAR, 2023). Al descontar las comisiones, cuya tasa promedio para las AFORE fue de 1.6%, los rendimientos reales bajan a 3.08% y, en el caso de las SIEFORE básicas, con una comisión promedio de 1.3%, se reducen a 0.56%. Tales cifras explican por qué las pensiones son tan bajas incluso para quienes han cumplido con el número mínimo de semanas cotizadas al IMSS y sugieren la necesidad de que los reportes de la CONSAR comparen los rendimientos reales de las SIEFORE, libres de comisiones, con otras opciones de inversión dentro y fuera del país.

---

8 Esta disposición habrá de llevarse a niveles extremos en la reforma de 2024, como se verá en el último capítulo.

Es evidente que, en una visión de largo plazo, los rendimientos reales se han reducido, y es posible que esto se vincule al nivel de riesgo de las inveriones (CONSAR, 2023), lo cual ha sido progresivo a lo largo de los 25 años del sistema, como sugiere la gráficas 9, en que se presentan los rendimientos de la SIEFORE Básica 2 (personas entre 46 y 59 años de edad) en el periodo 1998-2019.

Gráfica 9. Rendimiento nominal histórico de la SIEFORE Básica 2 en %

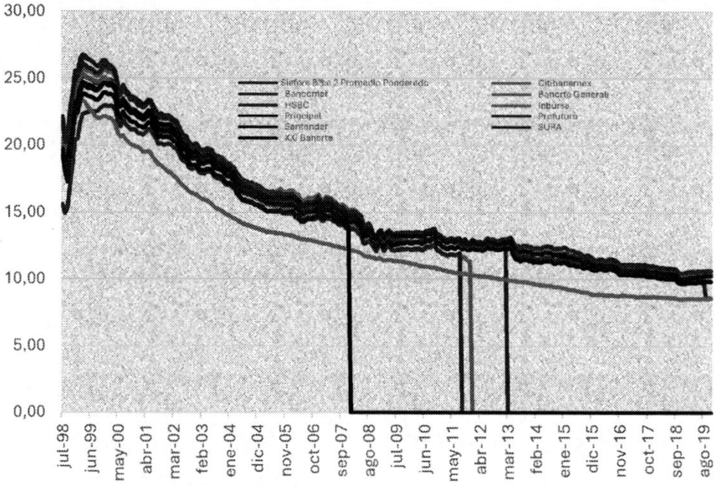

Fuente: con base en cifras de la CONSAR

LA COMPOSICIÓN DE LAS CARTERAS

En cuanto a la composición de las carteras de las SIEFORE y la transición de una estrategia conservadora a una sumamente agresiva, la gráfica 10 es reveladora: mientras en diciembre de 2005 los valores gubernamentales (mercado de dinero) representaban 82% de dichas carteras, al cierre de 2022 su participación había bajado a la mitad. Por otra parte, los bonos privados nacionales mantuvieron su participación en alrededor de 15% a lo largo del periodo; los valores estructurados (dos o más productos financieros en una sola estructura, normalmente uno de renta fija y uno o más derivados, cuyo carácter es complejo y de alto riesgo) pasaron de 0% en el primer año a una participación mínima precisamente durante la crisis financiera de 2009 y a su ascenso hasta 7.7% en 2022; los títulos de renta variable nacional (acciones bursátiles) subieron de 1% en 2005 a 6.7% en 2022; la deuda internacional fue en promedio de 2% entre mediados de 2006 y finales de 2012, para descender a 0.9% en diciembre de 2022; las fibras (instrumentos para financiar gasto en infraestructura, incluyendo CFE y PEMEX) pasaron de 1% a 12.2%, y las mercancias y otros instrumentos subieron de 0% (aparecieron hasta 2013, casi al final del periodo de auge de los *commodities*) a 3.1%. Si se vinculan estas tendencias con lo expresado en la gráfica 9, queda claro que la agresividad de las carteras no se tradujo en mayores rendimientos.

Gráfica 10. Evolución de la composición de las carteras de las SIEFORE

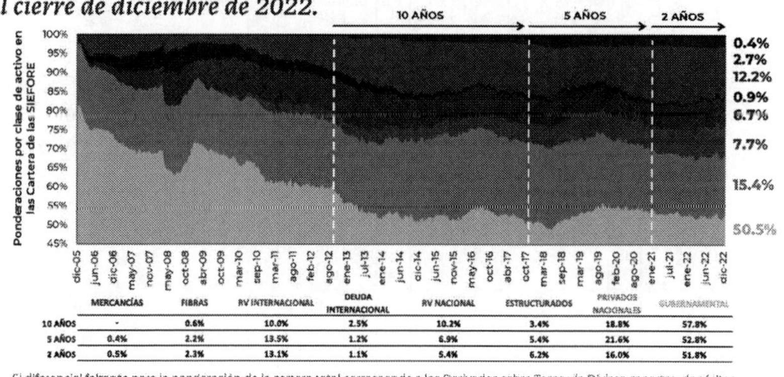

	MERCANCÍAS	FIBRAS	RV INTERNACIONAL	DEUDA INTERNACIONAL	RV NACIONAL	ESTRUCTURADOS	PRIVADOS NACIONALES	GUBERNAMENTAL
10 AÑOS	-	0.6%	10.0%	2.5%	10.2%	3.4%	18.8%	57.8%
5 AÑOS	0.4%	2.2%	13.5%	1.2%	6.9%	5.4%	21.6%	52.8%
2 AÑOS	0.5%	2.3%	13.1%	1.1%	5.4%	6.2%	16.0%	51.8%

El diferencial faltante para la ponderación de la cartera total corresponde a los Derivados sobre Tasas y/o Divisas, reportos, depósitos, cuentas por pagar y cuentas por cobrar.

Fuente: con base en cifras de la CONSAR

Lo anterior se corrobora con el hecho de que en 2022 los fondos invertidos por las SIEFORE tuvieron una minusvalía conjunta, reportada por la propia CONSAR, de 215,477 millones de pesos, equivalente a 3% de los ahorros registrados en las AFORE (cuadro 5), los cuales a su vez representaron en ese año 22% del PIB.

Cuadro 5. Composición de los recursos registrados en las AFORE
Millones de pesos al cierre de 2022

AFORE	RCV (1)	Ahorr volunt y solidar (2)	Fondos Prev social (3)	Cap de las AFORE (4)	Suma adminis-trados AFORE	Bono pensión ISSSTE (5)	Vivienda (6)	Banxico (7)	Total registro AFORES (8)	Particip (5)
Azteca	222,379.00	894.2	0	1,470.20	224,743.30	273	105,487.20	72,322.70	402,826.30	5.60
Citibanamex	797,130.40	14,583.10	0	3,985.50	815,699.00	5,863.60	310,788.60	0	1,132,351.10	15.70
Coppel	380,331.90	2,477.60	0	2,187.80	384,997.30	469.5	178,682.50	0	564,149.30	7.8
Inbursa	148,320.10	2,219.70	0	2,237.20	152,777.10	1,302.10	50,142.20	0	204,221.40	2.80
Invercap	228,449.40	2,159.00	0	1,139.70	231,748.10	1,174.20	68,974.10	0	301,896.40	4.20
PensionISSSTE	301,422.30	36,337.40	0	10,716.00	348,475.70	57,550.00	171,614.10	0	577,639.70	8.00
Principal	302,921.30	4,234.80	0	1,942.00	309,098.00	3,516.30	101,164.60	0	413,778.90	5.70
Profuturo	855,824.30	33,767.80	0	4,234.90	893,826.90	12,351.90	261,212.60	0	1,167,391.50	16.20
SURA	777,140.30	30,182.10	0	4,380.10	811,702.50	6,936.10	268,254.70	0	1,086,893.40	15.10
XXI Banorte	890,911.40	38,913.30	121,203.50	5,362.70	1,056,390.90	8,665.10	296,667.20	0	1,361,723.20	18.90
Total	4,904,830.30	165,769.00	121,203.50	37,656.00	5,229,458.70	98,101.90	1,812,987.70	72,322.70	7,212,871.00	100.00

Fuente: CONSAR (2023)

Notas: Cifras preliminares

Montos calculados con la información contable del último día hábil del mes correspondiente a los precios de las acciones de las SIEFORES registrados en la BVMMV el primer día hábil del siguiente mes. 1 Retiro, Cesantía en Edad Avanzada y Vejez de trabajadores cotizantes al IMSS y al ISSSTE. Incluye los fondos de Retiro del SAR 92 de los trabajadores cotizantes al IMSS y los recursos del SAR ISSSTE. 2 Incluye Aportaciones Voluntarias, Aportaciones Complementarias de Retiro, Ahorro a Largo Plazo y Ahorro Solidario. 3 Recursos de Previsión Social de entidades públicas y privadas administrados por las Afores. 4 Recursos de las Afores que, conforme a las normas de capitalización, deben mantener invertidos en las Siefores. 5 Conforme a la Ley del ISSSTE, las Afores llevan el registro del valor actualizado del Bono de Pensión ISSSTE en las cuentas individuales de los trabajadores. 6 Los recursos de Vivienda son registrados por las Afores y administrados por el INFONAVIT y por el FOVISSSTE. 7 Corresponde a los recursos de cuentas administradas por Prestadoras de Servicios, que son registrados por las Afores e invertidos en el Banco de México, de acuerdo a las reglas vigentes. 8 A partir de enero de 2012 incluye los recursos de trabajadores pendientes de asignar, que son administrados por el Banco de México. La suma de las cifras parciales puede no coincidir con el total por redondeo.

5. *La propuesta de reforma de 2024*

LAS 20 INICIATIVAS DE LEY DEL EJECUTIVO

El 5 de febrero de 2024, faltando cuatro meses para las elecciones presidenciales y siete para la conclusión de su mandato, el Ejecutivo Federal anunció que estaba enviando al Congreso un paquete de 20 iniciativas, de las que 18 eran constitucionales y dos de leyes secundarias. El paquete completo es el siguiente:

1. Reconocer a los pueblos indígenas y afromexicanos.
2. Reafirmar el derecho a la pensión para adultos mayores a 65 años, aumentándola anualmente, además de incluir, con carácter universal, a las personas con discapacidad.
3. Entregar becas a los estudiantes en todos los niveles.
4. Ofrecer atención médica gratuita a todos los mexicanos.
5. Que los trabajadores puedan ser dueños de sus viviendas.
6. Prohibir el maltrato animal.
7. Prohibir la fracturación hidráhulica (*fracking*).
8. Respetar las zonas con escasez de agua dejando ésta únicamente para el consumo doméstico.
9. Prohibir el fentanilo y los vapeadores, y aumentar las penas por narcotráfico y por la acción de empresas factureras.
10. Que el salario mínimo aumente cada año al menos al ritmo de la inflación.
11. Que el salario de maestros y policías no sea menor al promedio de quienes están inscritos al IMSS.
12. Revertir las reformas pensionarias de 1998 y 2008[9].

---

[9] Como se ha mencionado a lo largo del trabajo, en realidad dichas reformas entraron en operación en 1997 (IMSS) y 2007 (ISSSTE).

13. Garantizar el derecho a la educación y al trabajo y que, cuando los jóvenes no estén estudiando, el Estado los contrate y les pague el equivalente durante un año mientras se forman en tiendas, talleres y empresas, a semejanza del programa Jóvenes Construyendo el Futuro.

14. Todos los campesinos contarán con un jornal seguro, justo y permanente, como sucede con el programa Sembrando Vida y Producción para el Bienestar incluyendo a pescadores y demás pequeños productores.

15. Hacer uso de los 18 mil kilómetros de vías férreas del país para la circulación de trenes de pasajeros en vez de exclusivamente transporte de carga, que es en lo que devino el sistema ferroviario después de su privatización en los años noventa, además de garantizar el acceso a internet y devolver a la Comisión Federal de Electricidad (CFE) su caracter de empresa pública.

16. Reformar el sistema electoral a fin de reducir los gastos por concepto de campañas y partidos políticos, así como la disminución de regidores en gobiernos municipales y evitar el uso de excesivas estructuras burocráticas electorales, además de eliminar las candidaturas plurinominales y validar las consultas populares, así como la revocación de mandato.

17. Los jueces y magistrados del Poder Judicial serán electos por la vía popular.

18. Hacer que la Guardia Nacional forme parte de la Secretaría de la Defensa Nacional (Sedena).

19. Convertir en política de Estado la austeridad republicana, volviendo a redactar con más contundencia el principio de que ningún servidor público puede ganar más que el Presidente de la República, y sin permitir privilegios ni extravagancia en ningún nivel de gobierno.

20. Eliminar todas las dependencias y organismos onerosos y elitistas, supuestamente autónomos, creados durante el periodo neoliberal con el propósito de defender intereses políticos.

LAS INICIATIVAS ASOCIADAS AL SISTEMA PREVISIONAL

Como se observa, dentro de las iniciativas se encuentran dos relacionadas con el sistema de pensiones. La primera (numeral 2) tiene por objeto reafirmar el derecho a la pensión para adultos mayores a 65 años, aumentándola anualmente, además de incluir, sin límite de edad, a las personas con discapacidad. La segunda (numeral 12) consiste en revertir las reformas previsionales para los trabajadores de empresas privadas (leyes del IMSS y el SAR, principalmente, puestas en operación a partir de la reforma de 1995-1997), así como para los trabajadores al servicio del Estado (ley del ISSSTE, principalmente, la cual entró en operación en 2007). Las propuestas, converdidas en un documento sujeto a la discusión de las diferentes fuerzas políticas representadas en la Cámara de Diputados y dado a conocer a través de los medios, fueron los siguientes.

- Las personas elegibles tendrán derecho a que su pensión de retiro por vejez sea igual a su último salario hasta por un monto equivalente al salario promedio registrado en el IMSS, siempre y cuando la pensión a que se hacen acreedores en función de sus ahorros acumulados sea menor a dicho nivel.
- Se reforma la fracción II, artículo 191 de la Ley del IMSS en materia de retiro de ahorros de las AFORE y subcuentas correspondientes a los trabajadores con enfermedades terminales, a fin de que sus familiares puedan enfrentar las erogaciones que ello implica.
- Se incrementa el nivel máximo de la tasa de ahorro de los trabajadores al servicio del Estado, modificacándose el primer párrafo del artículo 100 de la Ley del ISSSTE, con objeto de dejar que decidan si se les descuenta hasta 4% de su Sueldo Básico (la ley de 2007 establecía que el descuento sería de hasta 2%), mismo que deberá acreditarse en su Subcuenta de Ahorro Solidario.
- Se establece una ayuda para gastos funerarios, adicionando al dictamen el artículo trigésimo transitorio de la Ley del Seguro Social (IMSS), en que se establece que el Instituto deberá comunicar a los derechohabiente y familiares sobre este derecho y su vigencia, de acuerdo con lo establecido en el artículo 104.

- Se reforma el artículo 4° de la Constitución con objeto de que quede establecido al más alto nivel legal, después de que ya se había reformado la LFT, que se reduce de 68 a 65 años la edad a partir de la cual la población tiene derecho a percibir, por cuenta del Estado mexicano, una pensión no contributiva, financiada con cargo al erario, la PUPAM. En el caso de los indígenas y afromexicanos, la edad para acceder al apoyo se mantiene en los 65 años.

Las medidas son efectivas lo mismo para los trabajadores del sector privado que empezaron a cotizar al IMSS a partir de julio de 1997 que para los del ISSSTE desde abril de 2007, siempre que se pensionen después de que entre en vigor el decreto; es decir, que cumplan con el mínimo de edad y de semanas cotizadas.

EL FONDO DE PENSIONES PARA EL BIENESTAR

Para contar con los recursos que implica el aumento en erogaciones, la SHCP constituirá un Fondo de Pensiones para el Bienestar, cuyo capital semilla deberá ascender a 64,619 millones de pesos, el cual provendrá de distintas fuentes, entre las que se propusieron las siguientes:

- Una parte de los recursos del Instituto para Devolver al Pueblo lo Robado; la extinción de 13 fideicomisos del Poder Judicial (21 mil millones de pesos al cierre de 2023); la Subcuenta de Vivienda del INFONAVIT a los 10 años de ser exigibles (se garantiza, empero, el derecho de los trabajadores a reclamarlos); los recursos no reclamados de la Subcuenta de Retiro, Cesantía en Edad Avanzada y Vejez de los trabajadores que cotizan al IMSS; la venta de inmuebles del Fondo Nacional de Fomento al Turismo (FONATUR), y las utilidades que generen el Tren Maya y las entidades paraestatales administradas por el Ejército y la Marina[10]

---

10 Además del Instituto de Seguridad Social para las Fuerzas Armadas Mexicanas, la Secretaría de la Defensa Nacional tiene sectorizadas las siguientes empresas de participación estatal mayoritaria: Aeropuerto Internacional de Chetumal,

- Recursos financieros y economías obtenidas a partir de la eliminación de los siguientes órganos autónomos: la Comisión Reguladora de Energía (CRE, 0.285 miles de millones de pesos presupuestados para 2024); la Comisión Nacional de Hidrocarburos (CNH, 1.72 mil millones); el Instituto Federal de Telecomunicaciones (IFT, 1.68 mil millones); el Instituto Nacional de Transparencia, Acceso a la Información y Protección de Datos Personales (INAI, 1.1 miles de millones); la Comisión Federal de Competencia Económica (COFECE, 0.69 miles de millones); el Consejo Nacional de Evaluación de la Política de Desarrollo Social (CONEVAL, 0.412 miles de millones), y el Sistema Nacional de Mejora Continua de la Educación (SNMCE, 0.632 miles de millones).
- Aplicación obligatoria del inciso II del artículo 127 constitucional que establece que "ningún servidor público podrá recibir remuneración (...) por el desempeño de su función, empleo, cargo o comisión, mayor a la establecida para el Presidente de la República en el presupuesto correspondiente". Esto se traduce en un ahorro de 2.3 miles de millones de pesos, el cual

---

Cuna del Mestizaje, S.A. de C.V.; Aeropuerto Internacional Felipe Ángeles, S.A. de C.V.; Aeropuerto Internacional de Palenque, Señor Pakal, S.A. de C.V.; Aeropuerto Internacional de Tulum, Zamá, S.A. de C.V.; Grupo Aeroportuario, Ferroviario y de Servicios Auxiliares Olmeca-Maya-Mexica, S.A. de C.V., y Tren Maya, S.A. de C.V. Asimismo, están sectorizadas a la Secretaría de Marína las siguientes empresas de participación estatal mayoritaria: Administración del Sistema Portuario Nacional Altamira, S.A. de C.V.; Administración del Sistema Portuario Nacional Coatzacoalcos, S.A. de C.V.; Administración del Sistema Portuario Nacional Dos Bocas, S.A. de C.V.; Administración del Sistema Portuario Nacional Ensenada, S.A. de C.V.; Administración del Sistema Portuario Nacional Guaymas, S.A. de C.V.; Administración del Sistema Portuario Nacional Lázaro Cárdenas, S.A. de C.V.; Administración del Sistema Portuario Nacional Manzanillo, S.A. de C.V.; Administración del Sistema Portuario Nacional Mazatlán, S.A. de C.V.; Administración del Sistema Portuario Nacional Progreso, S.A. de C.V.; Administración del Sistema Portuario Nacional Puerto Chiapas, S.A. de C.V.; Administración del Sistema Portuario Nacional Puerto Vallarta, S.A. de C.V.; Administración del Sistema Portuario Nacional Salina Cruz, S.A. de C.V.; Administración del Sistema Portuario Nacional Tampico, S.A. de C.V.; Administración del Sistema Portuario Nacional Topolobampo, S.A. de C.V.; Administración del Sistema Portuario Nacional Tuxpan, S.A. de C.V. y Administración del Sistema Portuario Nacional Veracruz, S.A. de C.V. (DOF, 2022).

fue cuantificado por la Secretaría de Gobernación tres semanas después de la presentación de la iniciativa.

LOS DETALLES SOBRE EL FINANCIAMIENTO

En función de su predictibilidad y del debate legislativo, sólo tomando en cuenta los recursos que tienen un presupuesto definido para 2024 y que se explicitan en los párrafos anteriores, se llega a 29.8 miles de millones de pesos, monto que sube a 30 mil millones si se toman en cuenta los ahorros del Poder Judicial por reducción de sus remuneraciones. Es decir que, considerando la aportación de sus 12 fideicomisos más el ahorro por la reducción de sus remuneraciones, el gobierno federal estimó que el Poder Judicial aportaría 21 mil millones de pesos (33% de los 64 mil millones de capital semilla requeridos). La eliminación de órganos autónomos y otro tipo de economías contribuirían con 9 mil millones de pesos (14% del total). Finalmente, los recursos provenientes de las AFORE y fondos de vivienda no reclamados, asegurarían para ese mismo año al menos 34 mil millones de pesos (53% del total).

Es claro que, desde el punto de vista individual, la iniciativa de reforma afectaba de manera directa a los titulares de edad avanzada de las AFORE (70 años y más, tratándose del IMSS y 75 y más tratándose del ISSSTE) y sus familias, ya que atentaba contra su derecho a disfrutar de los ahorros constituidos a lo largo de muchos años en dos subcuentas: la del IMSS para el Retiro (cubierta por el patrón) y para Cesantía en Edad Avanzada y Vejez (cobertura tripartita), en que su aportación sigue sido de 1.125%, como se mostró en el capítulo anterior[11], y la del INFONAVIT, la cual ha absorbido 5% de su SBC y está destinada a adquirir una vivienda, por definición costosa. Las cuentas sin movimiento durante varios años agrupadas en el SAR se vincula-

[11] En el caso de los trabajadores que cotizan al ISSSTE, la propuesta que se presentó (en la reforma de 2020 no se había incluido a dicho instituto) fue que se incremente su participación en el fondo de pensiones de 2% a 4%. Debe notarse que esto ahonda las inconsistencias entre los trabajadores privados y los de la administración pública federal, seguramente porque con dichos recursos se busca financiar el complemento pensionario que enuncia la iniciativa.

ban en ese momento a 18.4 millones de personas, e involucraban recursos cercanos a 37 mil millones de pesos; de ahí su trascendencia.

Las cuentas anteriores, se estableció en la discusión, pasarían al gobierno federal sobre la base de una serie de leyes aprobadas por el Congreso, rompiendo con el derecho de los trabajadores de recuperar sus ahorros al momento en que lo consideraran conveniente, sabeedores de su buen resguardo y de que ganan intereses en fondos a los que ellos tal vez no tendría acceso si los buscaran individualmente. Con ello, el gobierno federal parecía estar dispuesto a trasgredir los derechos de los titulares y sus beneficiarios directos, lo que parecía un atentado contra el artículo 14 de la Constitución Política de México, cuyo texto establece el carácter irretroactivo de las leyes en los siguientes términos: "A ninguna ley se dará efecto retroactivo en perjuicio de persona alguna" (Justia México, 2024a).

Además, el Ejecutivo y su grupo político (partidos Morena, Verde Ecologista y del Trabajo) se enfrentaban a la inminencia del cierre del periodo ordinario de sesiones del Congreso, que sería el 30 de abril de ese año, sin posibilidades de recurrir a un periodo extraordinario de sesiones, debido a que el país se preparaba para las elecciones generales que se celebrarían el 2 de junio siguiente. Es decir que el o los decretos que nacieran de esta iniciativa deberían aprobarse antes de la fecha señalada (Cámara de Diputados, 2024b).

6. *Los dos decretos de la reforma de 2024*

LA INICIATIVA ORIGINAL

Como ya ha sido mencionado anteriormente, menos de cuatro años después de la reforma previsional de 2020, el Ejectivo dio a conocer que estaba enviando al Congreso un paquete de 18 reformas constitucionales y dos de leyes secundarias que cubrían aspectos políticos, electorales, sociales y económicos. Dentro de ellas incluía su intención de crear un Fondo semilla de 64,619 millones de pesos para apoyar a los cotizantes AFORE-IMSS y AFORE-ISSSTE de 65 años y más que, habiendo cumplido con el mínimo de semanas cotizadas establecido por las instituciones públicas de seguridad social, no contaran con ahorros suficientes para recibir una pensión equivalente a su último salario percibido (no lograran una tasa de reemplazo de 100%), siempre y cuando dicho nivel salarial no rebasara el promedio del SBC al IMSS. Éste se establecería más tarde para 2024 en 16,777.78 pesos mensuales, equivalentes a 2.2 SMG, monto que se actualizaría cada año con la inflación.

Debido a la falta de precisión con que se instrumentaría dicha propuesta, el 4 de abril siguiente la Cámara de Diputados recibió un proyecto de iniciativa redactado por los diputados Moisés Ignacio Mier Velasco y Angélica Ivonne Cisneros Luján, presidenta de la Comisión de Seguridad Social, con el título de: "Decreto por el que se reforman, adicionan y derogan diversas disposiciones de la Ley del Seguro Social (IMSS), de la Ley del Instituto del Fondo Nacional de la Vivienda para los Trabajadores (INFONAVIT), de la Ley del Instituto de Seguridad y Servicios Sociales de los Trabajadores del Estado (ISSSTE), de la Ley de los Sistemas de Ahorro para el Retiro (SAR), de la Ley Federal de Presupuesto y Responsabilidad Hacendaria, de la Ley Federal para la Administración y Enajenación de Bienes del Sector Público (de la que surge el Instituto para Devolver al Pueblo lo Robado-INDEP), y del Decreto por el que se extingue el organismo público descentralizado denominado Financiera Nacional de Desarrollo Agropecuario, Rural, Forestal y Pesquero (FND), y se abroga su Ley Orgánica, publicado en el Diario Oficial de la Federación el

29 de mayo de 2023, para la creación del Fondo de Pensiones para el Bienestar".

LOS DOS DECRETOS

La iniciativa dio lugar a dos decretos que se publicaron en el *Diario Oficial de la Federación* el 30 de abril y el 1° de mayo de 2024. El primero adoptó el título que aparece en el párrafo mencionado (DOF, 2024a), y al segundo se le denominó Fondo de Pensiones para el Bienestar (DOF, 2024b). Aunque el objetivo esencial de ambos es la creación y financiamiento del Fondo de Pensiones para el Bienestar, el punto nodal es la reasignación de recursos de las AFORE, ya que se les veía como la fuente más asequible. En virtud de esto, lo que se buscaba modificar era el artículo 302 de la Ley del IMSS, vigente desde diciembre de 2020, en que se establecía lo siguiente:

> El derecho del trabajador o pensionado y, en su caso, de sus beneficiarios a recibir los recursos de la Subcuenta de Retiro, Cesantía en Edad Avanzada y Vejez es imprescriptible.
> Sin perjuicio de lo anterior, el Instituto podrá disponer de dichos recursos a los diez años de que sean exigibles sin necesidad de resolución judicial, siempre que constituya una reserva suficiente para atender las solicitudes de devolución de los trabajadores, pensionados o beneficiarios. Cualquier mensualidad de una pensión, asignación familiar o ayuda asistencial recibirá el mismo tratamiento, en el año calendario en el que sea exigible.
> La Secretaría de Hacienda y Crédito Público aprobará la metodología para determinar el monto de la reserva que el Instituto constituirá para atender las solicitudes de devolución señaladas en el párrafo anterior y el procedimiento que deberá seguir para ello (DOF, 2020).

La idea de no esperar 10 años, sino de poner en operación esa disposición de inmediato, ya que la necesidad de recursos era ingente, llevó a los operadores políticos del bloque mayoritario en la Cámara de diputados a cometer el error de considerar que los 37 mil millones de pesos ya mencionados, correspondientes a cuentas sin movimiento durante varios años y vinculadas a 18.4 millones de personas, podrían hacerce legalmente asequibles. Más aún, dicha cifra se redondeó a 41 mil millones de pesos, pero en realidad involucraba a ahorradores en el sistema AFORE que tenían 70 y más años de edad, sin considerar si estaban activos o no, es decir si sus cuentas tenían movimientos periódicos. A esto se debe que en las discusiones los partidos de oposición usaron el término confiscación e invocaron el principio de irretroactividad de las leyes, como se verá más adelante.

FINANCIAMIENTO Y USO DE RECURSOS

Con relación al título del primer decreto, lo que sugiere es que el origen del financiamiento del Fondo de Pensiones para el Bienestar se circunscribiría en principio a seis fuentes, número muy alejado de la gama que se dio a conocer originalmente y que se describió en el capítulo anterior. Estas son: los fondos del IMSS y del INFONAVIT depositados a partir de julio de 1997 en las AFORE que corresponden a trabajadores inactivos de la iniciativa privada con 70 años cumplidos; del ISSSTE y del FOVISSSTE depositados a partir de abril de 2007 en las AFORE por trabajadores inactivos de 75 años y más; del INDEP y la FND. A ellos de acuerdo con el texto del documento se agrega una séptima fuente parcial que se analiza más adelante, las utilidades de entidades paraestatales sectorizadas en las secretarías de la Defensa Nacional y de Marina (DOF, 2024a).

En lo que se refiere al uso de los recursos, el artículo segundo transitorio del mismo decreto establece que:

> El Fondo de Pensiones para el Bienestar brindará a los institutos de seguridad social los recursos necesarios para procurar que los trabajadores que alcancen los sesenta y cinco años de edad y cuya pensión sea igual o menor a dieciséis mil setecientos setenta y siete pesos con sesenta y ocho centavos, que equivale al salario mensual promedio registrado en 2023 en el Instituto Mexicano del Seguro Social actualizado por la inflación estimada para el año 2024, reciban un complemento a las obligaciones del Gobierno Federal en relación con la pensión que se obtenga conforme a las disposiciones aplicables para que sea igual a su último salario hasta por el monto descrito en este párrafo. Dicho monto deberá actualizarse el primero de enero de cada año de acuerdo con la inflación estimada para el año correspondiente. Lo anterior siempre y cuando hayan iniciado la cotización en los términos de la Ley del Seguro Social a partir del día primero de julio de mil novecientos noventa y siete, así como para aquellos trabajadores que se encuentren bajo el régimen de cuentas individuales que cotizan en el Instituto de Seguridad y Servicios Sociales de los Trabajadores del Estado. El complemento a que se refiere este inciso es intransferi-

> ble y será exigible por los trabajadores que obtengan su dictamen o concesión de pensión, según corresponda, a partir de que transcurran 60 días de la constitución del Fondo de Pensiones para el Bienestar. Dicho complemento estará sujeto a la suficiencia del Fondo, así como a las reglas que determine la Decretaría de Hacienda y Crédito Público (DOF, 2024a).

Complementariamente, el decreto del 1° de mayo de 2024 establece en su artículo 2 que:

> El Fondo tiene como fin principal recibir, administrar, invertir y entregar los recursos que le sean aportados, al Instituto Mexicano del Seguro Social y al Instituto de Seguridad y Servicios Sociales de los Trabajadores del Estado, en términos de las disposiciones jurídicas aplicables, para procurar que las personas trabajadoras que alcancen los 65 años de edad y cuya pensión sea igual o menor a $16,777.68 (dieciséis mil setecientos setenta y siete pesos 68/100 M.N.), que equivale al salario mensual promedio registrado en el año 2023 en el Instituto Mexicano del Seguro Social actualizado por la inflación estimada para el año 2024, reciban mediante dichos institutos federales un complemento a las obligaciones del Gobierno Federal en relación con la pensión que se obtenga conforme a las disposiciones aplicables, para que sea igual a su último salario hasta por el monto descrito en este párrafo; dicho monto deberá actualizarse el 1° de enero de cada año, de acuerdo con la inflación estimada para el año correspondiente (DOF, 2024b).

Debe notarse que la cantidad exacta con que el gobierno federal va a complementar los ingresos de los pensionados de la AFORE-IMSS y AFORE-ISSSTE queda sujeta a "la diponibilidad de recursos", tiene carácter de "intransferible", y depende de otros detalles que deberán precisarse en las reglas de operación de los decretos, las cuales se publicarían después de las elecciones generales del país, a celebrarse el 2 de junio siguiente.

Complementariamente, el Decreto del 1° de mayo, artículo 4, amplió considerablemente la lista de fuentes de financiamiento, la cual quedó como sigue:

> I. Aportaciones que efectúe la SHCP, en su carácter de fideicomitente;
> II. El producto de las inversiones que se deriven de los recursos del Fondo;
> III. Las donaciones o cualquier tipo de aportaciones, en títulos, valores o transferencias a través de sistemas de pagos, provenientes de cualquier persona física o moral sin que por ese hecho se consideren como

fideicomitentes o fideicomisarios o tengan derecho alguno sobre el patrimonio del Fondo, y
IV. Cualquier otra aportación que se realice al Fondo, en títulos, valores o transferencias a través de sistemas de pagos, de conformidad con la normativa aplicable.

El origen de las aportaciones del Fondo, independientemente de quien las realice, será el siguiente:
i. Los recursos correspondientes al 75 por ciento de los remanentes netos que obtenga el INDEP, derivados de la enajenación que lleve a cabo de bienes provenientes de entidades transferentes en materia aduanera y fiscal, durante el ejercicio fiscal de 2024 y los ejercicios subsecuentes, en los términos de la legislación que corresponda;
ii. Los recursos en numerario que determine, mediante el dictamen respectivo, el INDEP como disponibles durante el proceso de liquidación de la FIA, así como los recursos remanentes que resulten a la conclusión de la citada liquidación, en términos de la normativa aplicable;
iii. Los montos que se aporten derivados del cobro de adeudos a las dependencias y entidades de la Administración Pública Federal; del Poder Legislativo de la Unión; del Poder Judicial de la Federación; de los órganos autónomos de carácter federal; de las entidades federativas; de los poderes legislativos y judiciales y entes autónomos locales; de las administraciones públicas municipales, o de cualesquiera de sus entes públicos que tengan pendientes de pago ante el SAT y el ISSSTE, en los supuestos que establezcan los ordenamientos legales aplicables;
iv. Los recursos o derechos correspondientes a la aplicación de los artículos 302 de la Ley del IMSS; 37 de la Ley del INFONAVIT; 192 y 251 de la Ley del ISSSTE[12], en relación con los artículos 18 y 81 Bis de la Ley de los SAR y las reservas que con cargo a dichos recursos se constituyan en el Banco de México, en su calidad de fiduciario, en las subcuentas correspondientes del Fondo de Pensiones para el Bienestar en cumplimiento de las instrucciones del fideicomitente conforme a las solicitudes del IMSS, del ISSSTE y del INFONAVIT, que le sean co-

12 Artículo 192: "Los recursos de la Subcuenta del Fondo de la Vivienda que no hubiesen sido aplicados para otorgar créditos a favor de los Trabajadores de acuerdo a lo dispuesto en esta Sección, serán transferidos al PENSIONISSSTE, las Administradoras o Aseguradoras para la contratación de la Pensión correspondiente o su entrega en una sola exhibición, según proceda, en los términos de lo dispuesto por esta Ley". Artículo 251: "El derecho del Trabajador y, en su caso, de los beneficiarios, a recibir los recursos de su Cuenta Individual del seguro de retiro, cesantía en edad avanzada y vejez en los términos de la presente Ley, prescribe en favor del Instituto a los diez años de que sean exigibles" (Justia México, 2024b).

municadas por la Unidad de Seguros, Pensiones y Seguridad Social de la SHCP, garantizando en todo momento la imprescriptibilidad de los derechos sobre los recursos propiedad de las personas trabajadoras, pensionadas o beneficiarias en términos de los artículos ya citados;
V. Los recursos correspondientes a los remanentes, así como los productos y aprovechamientos que se generen de los mismos, derivados de los fideicomisos del Poder Judicial de la Federación, los cuales deberán ser entregados a la SHCP, siempre que sea procedente, una vez que concluyan los procedimientos legales en curso, en términos del Decreto por el que se adiciona un segundo párrafo al artículo 224 de la Ley Orgánica del Poder Judicial de la Federación, publicado en el *Diario Oficial de la Federación* el 27 de octubre de 2023;
VI. Las cantidades correspondientes a los recursos remanentes, ahorros y economías que se generen con la eliminación de órganos autónomos, de órganos reguladores, de organismos descentralizados, de órganos desconcentrados, de unidades administrativas o estructuras y otros entes públicos que representen duplicidad de funciones, en términos de la normativa aplicable;
VII. Los recursos correspondientes al 25% del remanente de las utilidades netas que se obtengan de los ingresos propios de las entidades paraestatales sectorizadas a las secretarías de la Defensa Nacional y de Marina, así como de los rendimientos, aprovechamientos y demás productos financieros derivados de la administración de dichos recursos, conforme a lalegislación aplicable;
VIII. Los recursos de los ejercicios fiscales 2024 y 2025 provenientes de las enajenaciones de los inmuebles propiedad del ISSSTE, en términos de la normativa aplicable;
IX. El producto de las inversiones que se deriven de los recursos que constituyen el patrimonio del Fondo de Pensiones para el Bienestar;
X. Las donaciones o cualquier tipo de aportación, provenientes de cualquier persona física o moral, en títulos, valores o transferencias a través de sistemas de pagos, sin que por ese hecho se consideren como fideicomitentes o fideicomisarios o tengan derecho alguno sobre el patrimonio del Fondo de Pensiones para el Bienestar, y
XI. Aportaciones adicionales del fideicomitente que incrementen los recursos del Fondo (DOF, 2024b).

RECURSOS ADMINISTRADOS POR LAS AFORE

A marzo de 2024 las AFORE administraban 74.5 millones de cuentas, cuyos recursos ascendían a 6.1 billones de pesos (millones de millones), más 2.4 billones correspondientes a los fondos de vivienda administrados por el INFONAVIT y el FOVISSSTE, así como algunos recursos del Bono de Pensión ISSSTE y otros que ya se encontraban en poder del Banco de México. En total, se trataba de 8.5 billones de pesos, como muestra el cuadro 6, los cuales representaron en ese momento 26% del PIB. Dicho coeficiente ha tendido a duplicarse cada 15 años, lo que implica una tasa de crecimiento promedio anual de 4.6%, la cual es extraordinaria si se toma en cuenta que se trata de una fuente de ahorros de muy largo plazo. Por su monto y dinámica, resulta excesivamente atractiva tanto para las compañías administradoras como para los gobiernos en turno, los cuales mediante ajustes legales se arrogan la opción de aumentar la participación del finaciamiento de su deuda con los fondos de las AFORE.

Como se mostró en la gráfica 10 del capítulo 4, en la segunda década del siglo XX se registraron cambios en la conformación de las carteras de las SIEFORE que permitieron transitar paulatinamente hacia inversiones más agresivas, ya que fueron incorporando valores estructurados, títulos de renta variable nacionales, proyectos de infraestructura (Fibras), títulos de deuda extranjeros, y mercancías y otros instrumentos. En conjunto, tales inversiones representaron en 2022 poco más de 30% del total de las carteras, sin traducirse en mayores utilidades para los ahorradores, lo que contradecía la asociación positiva entre riesgo y rendimiento.

Cuadro 6. Recursos registrados en las AFORE. Millones de pesos al cierre de marzo de 2024

AFORE	Recursos Administrados por las AFORE					Recursos administrados por otras instituciones			Total de recursos registrados en las AFORE[8]
	Recursos de los trabajadores			Capital de las AFORE[4]	Total de recursos administrados por las AFORE	Bono de Pensión ISSSTE[5]	Vivienda[6]	Recursos depositados en Banco de México[7]	
	RCV[1]	Ahorro voluntario y solidario[2]	Fondos de previsión social[3]						
Azteca	276,608.5	1,410.7	0	1,833.9	279,853.0	609.4	133,913.6	79,294.9	493,670.9
Citibanamex	946,464.9	17,243.7	0	4,539.2	968,247.8	5,570.1	372,098.1	0.0	1,345,916.0
Coppel	457,302.9	3,321.3	0	2,557.1	463,181.3	920.0	221,437.3	0.0	685,538.6
Inbursa	156,555.6	2,433.0	0	2,423.0	161,411.6	1,096.1	56,654.4	0.0	219,162.1
Invercap	258,780.8	2,389.1	0	1,238.0	262,407.8	1,117.4	78,728.8	0.0	342,254.0
PensionISSSTE	352,332.0	44,618.7	0	11,685.8	408,636.5	50,659.9	193,508.0	0.0	652,804.4
Principal	333,759.1	5,274.3	0	1,796.7	340,830.1	3,032.8	113,455.2	0.0	457,318.0
Profuturo	1,054,277.0	47,709.9	0	4,983.0	1,106,969.8	12,787.6	331,392.4	0.0	1,451,149.8
SURA	909,576.5	36,643.3	0	4,953.2	951,173.0	6,470.0	321,337.4	0.0	1,278,980.3
XXI Banorte	1,000,800.6	51,917.1	143,412.9	5,108.0	1,201,238.6	7,570.9	336,505.5	0.0	1,545,315.0
Total	5,746,457.7	212,961.1	143,412.9	41,117.8	6,143,949.6	89,834.1	2,159,030.6	79,294.9	8,472,109.1

Cálculos con la información contable del último día hábil del mes y que corresponde a los precios de las acciones de las Siefores registrados en la BMV el primer día hábil del siguiente mes

[1]Retiro, Cesantía en Edad Avanzada y Vejez de trabajadores cotizantes IMSS e ISSSTE. Incluye los fondos de Retiro del SAR 92 de los trabajadores cotizantes al IMSS y recursos del SAR ISSSTE.

[2]Incluye Aportaciones Voluntarias, Aportaciones Complementarias de Retiro, Ahorro a Largo Plazo y Ahorro Solidario.

[3]Recursos de Previsión Social de entidades públicas y privadas administrados por las Afores.

[4]Recursos de las Afores que, conforme a las normas de capitalización, deben mantener invertidos en las Siefores.

[5]Conforme a la Ley del ISSSTE, las Afores llevan el registro del valor actualizado del Bono de Pensión ISSSTE en las cuentas individuales de los trabajadores.

[6]Los recursos de Vivienda son registrados por las Afores y administrados por el INFONAVIT y por el FOVISSSTE.

[7]Corresponde a los recursos de cuentas administradas por Prestadoras de Servicios, que son registrados por las Afores e invertidos en el Banco de México, de acuerdo a las reglas vigentes.

[8]A partir de enero de 2012 incluye los recursos de trabajadores pendientes de asignar, que son administrados por el Banco de México.

La suma de las cifras parciales puede no coincidir con el total por redondeo.

Fuente: CONSAR (2024b)

LAS SIEFORE

Por edades, el fondo de inversión correspondiente a la SIEFORE Básica de Pensión, que administra casi la totalidad de los recursos ahorrados por cotizantes al IMSS y al ISSSTE de 60 años y más, ascendía al cierre de marzo de 2024 a 73.8 miles de millones de pesos, como muestra el cuadro 7. Dicha cantidad representa 0.9% del total de recursos administrados por las AFORE. Por supuesto se trata de un estrato de cotizantes superior al que se refirió el Ejecutivo el 5 de febrero de 2024 (incluye personas de 60 a 69 años), cuando anunció su intención de que se creara un Fondo semilla para que el gobierno federal complementara hasta alcanzar un salario mínimo de cotización al IMSS (16,777.68 pesos mensuales en dicho año) las pensiones otorgadas por ese instituto y el ISSSTE de quienes llegaran a la edad de jubilación cumpliendo con las semanas de aportación reglamentarias. En ese momento, el cálculo refinado dado a conocer por el Director del IMSS fue que sus cotizantes activos e inactivos con 70 años cumplidos y más acumulaban recursos en sus AFORE, incluyendo sus fondos de vivienda, equivalentes a 41 mil millones de pesos (no se dieron a conocer las cifras del ISSSTE). Dicho monto representaba 55.5% de la cantidad invertida en la SIEFORE Básica de Pensiones y 63.5% de los 64,619 millones de pesos del fondo semilla que estaba tratando de conformarse.

Cuadro 7. Activos netos de las SIEFORES generacionales
Millones de pesos al cierre de marzo de 2024

SIEFORE	Activo neto
SIEFORE Básica de Pensiones	73,818.44
Siefore Básica 55-59	123,880.40
Siefore Básica 60-64	405,906.34
Siefore Básica 65-69	849,444.25
Siefore Básica 70-74	1,036,501.64
Siefore Básica 75-79	1,018,406.01
Siefore Básica 80-84	944,152.45
Siefore Básica 85-89	721,536.36
Siefore Básica 90-94	464,965.94

SIEFORE	Activo neto
Siefore Básica Inicial	258,631.69
Siefores Adicionales	215,820.87
Total	**6,113,064.40**

Fuente: CONSAR (2024b)

LO QUE ACLARAN LOS DEBATES

Las discusiones en la Cámara de Diputados llevadas a cabo entre el 6 y el 22 de abril de 2024, permeadas por las presiones de múltiples académicos, investigadores y miembros de la sociedad civil, permitieron que se hicieran algunas modificaciones al proyecto original (la Cámara de Senadores terminó aprobando todo sin modificaciones), como reflejan los decretos del 30 de abril y del 1° de mayo de 2024. En primer lugar, el estrato de población sujeta a que sus recursos pasen al Fondo de Pensiones para el Bienestar quedó limitado a quienes ya no aportan a sus AFORE (cuentas que no registran movimientos) y tienen 70 años y más, en el caso del IMSS, y 75 y más, en el caso del ISSSTE. Asimismo, se les garantiza la imprescriptibilidad del derecho que tienen ellos y sus beneficiarios de reclamar en cualquier momento sus recursos si no lo hicieron a tiempo.

En segundo lugar, se requieren ajustes al Fondo debido a que no podrá contabilizar como disponibles los ahorros depositados en las AFORE de los trabajadores activos cotizantes al IMSS, al INFONAVIT, al ISSSTE y al FOVISSSTE, con 70 años de edad o más, lo que implica que los 37 mil millones de pesos originalmente considerados (no los 41 mil millones que después se mencionaron) bajarían a unos 20 mil millones de pesos.

En tercer lugar, deberá informarse un año antes de que los aforados cumplan los límites de edad para que, si sus cuentas no están activas, puedan retirar sus ahorros, y se les apoyará en el proceso a través de una ventanilla única en la que se les harán saber los pasos que deben seguir.

En cuarto lugar, en varias partes de los decretos se insiste en la imprescriptibilidad de los derechos de los aforados sobre sus ahorros, independientemente de su edad.

LOS RECURSOS DE QUE REALMENTE SE DISPONE

Debe notarse que los 20 mil millones de pesos de ahorros de los que el gobierno federal podría disponer en 2024, representan apenas 31% de los recursos necesarios para integrar el Fondo semilla, lo que quiere decir que restarían por integrarse 44,619 millones, los cuales supuestamente provendrían de las fuentes listadas al principio del capítulo y contenidas en el artículo 4 del Decreto (DOF, 2024b), aunque sin mencionar los montos de recursos involucrados y con las siguientes limitaciones:

- Algunas de esas fuentes dependen de ajustes legales con desenlaces no predecibles, como son los casos de los remanentes, así como los productos y los aprovechamientos que se generen de los mismos, derivados de los fideicomisos del Poder Judicial de la Federación.
- Otras se basan en expectativas poco fundadas, como los donativos de personas físicas y morales.
- Unas más sacrifican la calidad de los servicios públicos en su proceso de búsqueda de remanentes, ahorros y economías, ya que implican la eliminación de órganos autónomos, órganos reguladores, organismos descentralizados, órganos desconcentrados, unidades administrativas, estructuras y otros, destacando algunos cuya eliminación va a provocar serias controversias, como el CONEVAL, la CNH, la CRE, el IFT, la COFECE y el INAI.
- Se establece la obtención de beneficios muy poco probables como el 25% del remanente de las utilidades netas que se obtengan de los ingresos propios de las entidades paraestatales sectorizadas a las secretarías de la Defensa Nacional y de Marina, así como los rendimientos, aprovechamientos y demás productos financieros derivados de la administración de dichos recursos, conforme a la legislación aplicable[13].

---

[13] El decreto del 30 de abril establece que el 75% complementario de dichas utilidades netas será utilizado por las secretarías de la Defensa Nacional y de Marina para reforzar sus propios fondos de pensiones (Instituto de Seguridad Social para las Fuerzas Armadas Mexicanas). Esto a pesar de que el personal de dichos ramos ostenta las tasas de reemplazo más altas de la administración pública y el

- Se parte también de embargos de propiedades vinculadas con actos ilícitos: 75% de los remanentes netos que obtenga el INDEP derivados de la enajenación que lleve a cabo de bienes provenientes de entidades transferentes en materia aduanera y fiscal, durante el ejercicio fiscal de 2024 y los ejercicios subsecuentes, en los términos de la legislación que corresponda.
- Se manifiesta la liquidación de un órgano fundamental para el desarrollo de las actividades agropecuarias, rurales, forestales y pesqueras, la FND, incluyendo sus recursos remanentes, aunque es bien sabido que se trata de una entidad completamente endeudada, con una larga lista de cuentas por cobrar y que además heredó de sus antecesoras un alto porcentaje de créditos a la palabra.
- Se habla de los pagos pendientes de cobrar cobrar, sobre todo por parte del SAT y del ISSSTE, a dependencias y órganos de la administración pública federal adscritos al Poder Legislativo de la Unión y al Poder Judicial de la Federación, así como órganos autónomos de carácter federal, entidades federativas, poderes legislativos y judiciales, entes autónomos locales y administraciones públicas municipales;
- Finalmente, se hace referencia a enajenaciones de inmuebles en 2024 y 2025 en poder del ISSSTE.

PROYECCIÓN DE LOS RECURSOS

Por otra parte, debe quedar claro que, cuando finalmente se integre el Fondo de 64,619 millones de pesos, dicha cantidad no será suficiente para lograr el objetivo de incrementar en un promedio de

---

número total de efectivos es de 165,454 en el Ejército y la Fuerza Aérea; 51,946 en la Marina, y 100,324 en la Guardia Nacional, lo que hace un total de 317,724 personas, muy abajo de los 22.3 millones de cotizantes al IMSS y casi 2 millones al ISSSTE. El IMSS cubre a 4.5 millones de jubilados y pensionados, y el ISSSTE a 1.23 millones. Si se guardan las proporciones, el ISSFAM cubriría a 75 mil personas con haber de retiro. Se vea como se vea, no se trata de instituciones comparables.

50% la tasa de reemplazo de los pensionados de la AFORE-IMSS y la AFORE-ISSSTE con ingresos inferiores a 16,777.68 pesos mensuales a lo largo de la década que empieza el 1° de julio de 2024. El programa alcanzará a 3 millones de beneficiarios durante dicho periodo, como en diversos foros manifestó la Diputada Angélica Ivonne Cisneros Luján. Si se mantiene fijo el apoyo en 3,500 pesos a precios de 2024, el complemento mensual de sus pensiones con un número promedio anual de 300 mil jubilados, para incrementarlas a 10 mil pesos promedio, absorberían anualmente 12 mil 600 millones de pesos constantes, lo que implicaría 126 mil millones de pesos en 10 años[14]. Dicha cantidad duplica al Fondo semilla a precios constantes, aunque es apenas una fracción del presupuesto anual de la PUPAM de 2024 (465,048.7 millones de pesos) (Cámara de Diputados, 2024a).

Sobre la base anterior, y aún suponiendo que se lograra constituir a tiempo el Fondo semilla, se tendría que tener en cuenta que, en su carácter de capital constitutivo de un fideicomiso en el que fungirá como fideicomitante la SHCP y como fiduciario el BANXICO, los recursos acusarían enormes limitaciones de cara a los propósitos para los que se creó el Fondo y los objetivos establecidos en los decretos del 30 de abril y del 1° de mayo de 2024. Partiendo de una considerable austeridad y de la aclaración de que la cifra límite de 16,777.68 pesos mensuales, así como el estipendio otorgado a cada nuevo jubilado que calificara para el programa se irían actualizando a principios de cada año de acuerdo con la inflación; de que el complemento quedará sujeto "a la suficiencia de recursos", y de que no existe un compromiso absoluto por parte del fideicomitante más alla de que "va a procurar" honrarlo, además de que es un recurso "intransferible", el Centro de Estudios de las Finanzas Públicas de la Cámara de Diputados (CEFP) realizó un ejercicio prospectivo de rutina, muy poco difundido. En él, y adoptando una posición realista,

---

14 Aunque en el primer año el número de jubilados va a ser pequeño, una vez que se perciba la operatividad del programa, muchos trabajadores activos por razones de ingreso que cotizan al AFORE-IMSS y al ISSSTE AFORE, y tienen más de 70 años los primeros y 75 años los segundos, optarán por la jubilación, lo que hará que la acumulación de los beneficiados se acelere.

austera y basada en algunos supuestos, llega a observaciones cruciales, dentro de las que destacan las siguientes:

a) Maneja un flujo de efectivo a lo largo de nueve años con un número de pensionados que crece a una tasa anual de 24%. En el primer año, el número sería de 31 mil personas; en el noveno de 770 mil.

b) En 20 años el número de pensionados del IMSS y del ISSSTE a partir de las leyes de 1997 y 2007, respectivamente, sería de 9.4 millones.

c) Se parte de niveles pensionarios en 2024 de 6 mil 500 pesos mensuales constantes, en correspondencia con la pensión mínima garantizada que correspondía a 2023.

d) La porción complementaria de la pensión a cargo del gobierno, obtenida del Fondo, sería de 2 mil 500 pesos mensuales, con lo que se alcanzarían a pagar 9 mil pesos al mes a cada pensionado, lo que ubicaría su tasa de reemplazo en 100%.

e) Con estas cifras más los rendimientos que generen los fondos de inversión a tasa de CETES, se alcanzaría una bolsa de 69 mil millones de pesos en 2025, la cual subiría a 74 mil millones en 2026, 77 mil millones en 2027 y 78 mil millones en 2028.

f) El Fondo decrecería a 77 mil millones de pesos en el quinto año, derivado del aumento en el número de pensionados.

g) En el sexto año la disponibilidad sería de 73 mil millones de pesos, en el séptimo de 64 mil millones de pesos, en el octavo de 49 mil millones y en el noveno de 26 mil millones.

h) Para el décimo año, el fondo entraría en déficit, con –6 mil 470 millones de pesos (Luces del Siglo, 2024).

Evidentemente se trata de un trabajo preliminar, que se elaboró antes de la publicación de los decretos con el fin de normar el criterio de los diputados de la Comisión de Seguridad Social, y que está basado en muchos supuestos como el de que se alcance el monto inicial establecido como propósito para el Fondo y se complementen las mensualidades de acuerdo con las cantidades originalmente comprometida. De una manera u otra, implica aportaciones extraordinarias por parte del gobierno federal en su año de creación, que es el más álgido, ya que se esperan enfrentar Requerimientos Financieros del Sector Público-RFSP (déficit fiscal ampliado) de 5.9% respecto al PIB. Por otra parte, resalta la ausencia de una corrida actuarial financiada por la Comisión de Seguridad Social de la Cámara de Diputados, la cual durante los debates exaltó las ventajas de la propuesta, pero no sus debilidades. Complementariamente, los 44,619 millones de pesos faltantes al cierre de mayo de 2024 para acompletar el Fondo representaron 0.14% del PIB, lo que implica que, de cumplirse las expectativas de escasez de recursos durante el primer año de operación del programa, los RFSP subirían a 6.04% del PIB. Esto quiere decir, en primer lugar, que el gasto en pensiones pasa de representar 4.7% del PIB en 2018, a 6% del PIB en 2024; en segundo que la participación de las pensiones no contributivas en dichos coeficientes sube de 0.2% del PIB en el primer año a 1.5% en 2024, y en terceo que las pensiones contribitivas se mantienen en los dos años analizados en 4.5% del PIB, lo que tiene serias implicaciones desde el punto de vista distributivo de los recursos previsionales (CIEP, 2024).

Como detalle técnico-administrativo el fondo contará para su operación con un Comité Técnico, el cual se menciona en los artículos transitorios de los decretos y tendrá la función de emitir las reglas de operación sobre la recepción, administración, inversión, entregas y rendimientos de recursos a los institutos de seguridad social. Además, se aclara que no podrá utilizarse para cubrir déficit presupuestarios o necesidades de financiamiento del gobierno. Los detalles específicos sobre el funcionamiento del Fondo, se estableció, serían determinados mediante un decreto del Ejecutivo federal, que debería emitirse a más tardar 60 días después de la entrada en vigor de la iniciativa. Se espera que, de alguna manera, tengan en él representatividad los principales afectados, que son los trabajadores activos e inactivos.

Como detalle legal, conviene aclarar que a pocos días de la publicación de los decretos, 727 empleados del sector público federal (INEGI, Comisión Nacional Bancaria y de Valores, Guardia Nacional, Instituto Nacional Electoral), apoyados por colegas del sector privado, presentaron una demanda de amparo contra la creación del Fondo. Su reclamo fue en el sentido de que la reforma es inconstitucional y atenta contra el principio de seguridad jurídica.

Más que una reforma tan controvertida, quizás hubiera sido provechoso seguir avanzando en la creación de un Sistema Nacional de Seguridad Social, sobre el que se iniciaron conversaciones por lo menos desde hace 20 años, y que incluiría puntos tan importantes como los siguientes:

- Implantación de un sistema unificado en materia de atención a la salud, las enfermedades y los cuidados; recepción indistinta de dichos beneficios en hospitales, clínicas y guarderías del IMSS y del ISSSTE siendo derechohabiente de cualquiera de las dos instituciones; mismo número de semanas obligatorias de cotización, y edad mínima de retiro y homogeneidad en los montos y beneficios de las pensiones.
- Homolohación con el sistema descrito de los sistemas pensionarios de PEMEX, ISSFAM, CFE, universidades públicas, gobiernos estatales, gobiernos municipales, etc.
- Rescate del salario mínimo como base para la determinación del pago de pensiones, en vez de la UMA.
- Estímulo al ahorro voluntario sin la amenaza de que al cumplir 70 o 75 años le puedan quitar al trabajador los fondos acumulados en su AFORE y su fondo de vivienda.
- Crear el seguro de desempleo, que además de estímulos económicos basados en los ingresos inmediatos y necesidades del desempleado, impone obligaciones, como la de capacitarse para reincertarse en el mercado de trabajo y contar con agencias de colocación.
- Instauración de una política nacional de incentivos fiscales, legales y administrativos que permitan incrementar sustancialmente las fuentes de empleo formal que requiere la economía.

Conclusiones

A lo largo de la historia de la seguridad social en México, incluyendo en ésta al sistema previsional, se han hecho esfuerzos de transformación y adaptación a una realidad cambiante, mismos que se evidenciaron plenamente a partir de la década de 1940, cuando se creo el IMSS. Es también a partir de esa década cuando empezaron a registrarse altas tasas de crecimiento de la población y de la PEA, sin que se tuviera necesidad de pensionar a nadie por edad avanzada y menos por vejez. Entre esos años y 2024 se observaron tasas de crecimiento de la población de 65 años y más varias veces superiores a las de la población en general y, por supuesto, a la tasa de incorporación de nuevos trabajadores al sistema de seguridad social. Esto sucedía al tiempo que se registraban tasas de participación de la fuerza de trabajo excepcionalmente bajas, sobre todo de las mujeres; hoy día, sólo en Turquía e Italia son menores (OECD, 2019a). Asimismo, el país ingresaba a un periodo conocido como Milagro Mexicano, en el que el Producto Interno Bruto (PIB) logró crecer a tasas de 6.5% promedio anual.

Ante estas circunstancias, el sistema de reparto solidario establecido en la ley del IMSS de 1973 estaba destinado a obsoletizarse y volverse irrescatable, incluso si se hubieran podido reducir al mínimo los requisitos para que las micro, pequeñas y medianas empresas (MIPyMES) se incorporaran a la formalidad, como enfatizó por tantos años Hernando De Soto (1987) y como los responsables de la política económica en América Latina y otras latitudes estuvieron dispuestos a aceptar, sin arropar dicha propuesta con exenciones fiscales, paquetes crediticios, promoción comercial y elementos organizativos convincentes.

Por tanto, la transición hacia un sistema de capitalización individualizada de los ahorros de los trabajadores parecía inevitable, pero debía asegurarse que partiera de parámetros adecuados y se visualizaran sus trayectorias con corridas actuariales realistas. Esto implicaba muchas consideraciones. En primer lugar hacer posible, mediante inversiones inteligentes, tasas de rendimiento altas en vez de cercanas o inferiores a las de los CETES, como ha sucedido en la realidad, a pesar del *expertise* de los financieros al servicio de la CONSAR.

En segundo lugar, considerar una esperanza de vida realista al momento de calcular la pensión mensual, en particular no agrandar innecesariamente el dato si es claro que, a diferencia de los países más desarrollados, en que frecuentemente dicha esperanza supera los 83 años promedio, en México era en 1995 de 72, en 2014 alcanzó un nivel pico de 75, y para 2020-2021 descendió a 70 (Banco Mundial, 2024).

En tercer lugar, negociar e incorporar a los cálculos desde un principio comisiones de las AFORE similares a las que aplicaban las administradoras en otros países.

En cuarto lugar, tomar en consideración la baja densidad promedio de cotización que prevalece en el país, en virtud de la insuficiencia de empleos formales, la cual para toda la PEA es de 26% y, en el caso de la generación AFORE- IMSS, de 42.9% (Castañón Ibarra y Ferreira Blando, 2017). Sin embargo, el IMSS (2024) y el ISSSTE (2024) efectúan sus cálculos considerando en sus simuladores 80%.

En quinto lugar, se habrían requerido más esfuerzos por alcanzar contribuciones previsionales de los ahorradores, los patrones y el gobierno superiores a 6.5% del salario percibido, sobre todo sabiendo que en la OCDE el promedio es tres veces superior, aunque esto habría requerido mayores aportaciones por parte del gobierno federal, que en términos comparativos gastaba entonces menos de 4.5% del PIB en pensiones, contra el doble para el promedio de la OCDE (OECD, 2019a). Asimismo, era necesario que el gasto en personas mayores, que por tradición tenía una participación de menos de 1% del PIB, subiera sistemáticamente, sobre todo considerando que en la OCDE era en promedio de 6.5% (OECD, 2019b).

En sexto lugar, debió haberse sabido, gracias a las corridas actuariales y sin necesidad de esperar que empezara a jubilarse la primera generación AFORE-IMSS, que la tasa de reemplazo promedio sería de 26%, cuando en la OCDE es de 49% (OECD, 2019a).

Complementariamente, debió reconocerse que al 6.5% de aportación a las AFORE de los trabajadores había que sumar, porque también es ahorro, el 5% que los empresarios le retienen a los trabajadores para aportarlo a las instituciones de vivienda social.

En otros términos, aún partiendo para el análisis de un Estado con evidente pereza fiscal, cuyo coeficiente de tributación es de apenas 16%, menos de la mitad del promedio de los países de la OCDE (34%), los recursos públicos destinados al pago de pensiones son proporcionalmente muy inferiores: 3.1% para México contra 7.7% promedio para la OCDE (OECD, 2019a). Incluso si se considera la cobertura de la Pensión Universal para Adultos Mayores (PUPAM, pilar Cero) su nivel en 2019 era el más bajo de los países miembros de la Organización (4.3%), con excepción de República de Corea (3.5%).

Actualizados hasta 2024, los recursos contributivos antes mencionados absorben un billón 500 mil millones de pesos, 4.5% del PIB, mientras la PUPAM, que individualmente otorga 3,000 pesos mensuales, los cuales representan apenas 40% de un SMG, involucra presupuestalmente 465 mil millones de pesos, 1.5% del PIB. La cantidad mensual quiere decir que, por sí sola y a partir de los criterios multidimensionales de medición de la pobreza del CONEVAL (2019), la PUPAM es insuficiente para que una persona salga de la pobreza.

Asimismo, aunque se parte de la base de que los recursos no contributivos se entregan a todos y cada uno de los individuos de 65 años y más, es necesario refinar los cálculos por dos vías. La primera es que, a partir del Censo General de Población y Vivienda de 2020 (INEGI, 2022) actualizado, dicho estrato de población asciende en 2024 a 11.7 millones, cantidad inferior a la de 12.5 millones que difundieron desde mediados de 2023 algunas fuentes oficiales. La segunda es que una parte importante del estrato no solicita el apoyo porque sigue trabajando, porque no quiere someterse a trámites burocráticos, porque le parece muy bajo, porque acumuló suficientes ahorros durante su vida laboral activa, porque cuenta con una pensión contributiva, porque el estipendio no se le ha ofrecido (lo cual sucede particularmente en las regiones más apartadas y/o peligrosas), o porque considera que los recursos se deberían emplear para impulsar la producción.

Es posible afirmar que, desde su aparición, la mayor parte del 1.5% del PIB correspondiente al pilar Cero, cuyo monto ha crecido en los últimos cinco años a una tasa promedio más de 40% superior a la del IMSS, se ha financiado con ahorros provenientes de otras partes del sistema previsional integral, reformado progresivamente a lo largo de los últimos 15 años, mediante modificaciones paulatinas a las leyes del ISR, el SAR y el ISSSTE, así como de adecuaciones mayores al sistema privado de 2020 (artículo 123 de la Constitución), y al público y privado de 2024 (leyes del IMSS, del ISSSTE y del INFONAVIT, entre otras). La mayoría de estos ajustes se llevaron a cabo sin importar el partido político que estuviese al frente del poder Ejecutivo, generalmente teniendo mayoría simple en el Congreso, que es lo que se requiere para reformar las leyes secundarias. Esto permitió en particular los siguientes cambios, todos de una importancia trascendental para las pensiones:

- Que el SAT gravara las pensiones superiores a 10 SMG, a pesar de que ya habían sido gravadas antes en la forma de impuesto al salario (ingreso);
- Que dicho factor de referencia fuera sustituido, para fines pensionarios, por la UMA, cuyo valor en 2024 se ubica en apenas 44% de un SMG;
- Que la cuota social (aportación del Estado al ahorro previsional de los trabajadores), ya no se otorgue a todos, sino únicamente a los que perciben entre un SMG y 4.0 UMA, y
- Que la aportación a los ahorros previsionales de los trabajadores al servicio del Estado aumente de 2% a 4% de su sueldo base.

En cuanto a las modificaciones más profundas, que requieren al menos 66.67% de la aprobación de los miembros del Congreso federal y de los congresos locales (mayoría calificada) porque involucran artículos de la Constitución, el cambio más relevante sin duda es que el gobierno federal puede disponer de los ahorros de los trabajadores a partir de que cumplen 70 años (AFORE-IMSS) y 75 años (AFORE-ISSSTE). Esto con el fin de complementar las pensiones al nivel del salario medio de cotización al IMSS de quienes reúnan ciertos requisitos de semanas cotizadas, último salario percibido, etc. Para ello, se ordena la creación del Fondo de Pensiones para el Bienestar, con su estructura administrativa correspondiente.

Lejos de cumplirse la promesa de que con cada reforma los rendimientos reales de las AFORE aumentarían, en la práctica estos se han ido reduciendo incluso por abajo de los ofrecidos por los CETES, no obstante el *expertise* de los operadores de las SIEFORE. Esto en parte se da como consecuencia del hecho de que 25% de dichos rendimientos se han destinado al pago de comisiones a las AFORE durante el periodo que lleva operando el sistema.

Los ajustes a las reglas del sistema de operación de los ahorros de los trabajadores tienen diversas implicaciones en el ánimo de los inversionistas nacionales y extranjeros, que se quejan de inseguridad jurídica. De la misma manera, producen una enorme incertidumbre entre la mayoría de los trabajadores y los pensionados, cuyos salarios y pensiones quedan sujetos a eventuales reducciones, involucrando a un número que de ninguna manera se compensa con quienes reciben mayores ingresos. Los ajustes, que se promueven desde el poder Ejecutivo son avalados por el Legislativo y, en su caso, ratificados por el Judicial.

Se observa una clara diferencia, establecida incluso en el artículo 123 de la Constitución, entre trabajadores activos y pensionados del sector privado y del sector público (por no mencionar dentro de éste los de PEMEX, CFE, las altas esferas del propio IMSS, el ISSFAM, los estados y municipios y las universidades públicas de provincia). En este marco, no se toma en cuenta el cumplimiento de la norma laboral que establece "a trabajo igual, salario igual", llevada por extensión natural al ámbito de los pensionados. Además, queda clara la necesidad de continuar con los esfuerzos de creación de un Sistema Nacional de Seguridad Social, cuyo proyecto fue en su momento secundado por instituciones como el Centro de Análisis y Estudios de la Seguridad Social (CAESS).

Al dejar a los trabajadores en manos del sistema financiero para integrar su ahorro previsional, contando con instituciones supervisoras débiles, prácticamente se les deja desprotegidos y sin posibilidades de dar un seguimiento adecuado a sus AFORE, así como reclamar sus derechos al momento de jubilarse.

La reforma al artículo 4° de la Constitución asume que la PUPAM se usa como el complemento de un esquema equivalente a la seguridad social universal, lo cual a todas luces es una falacia. Esto en primer lugar por la baja cobertura de los servicios públicos de salud, que en 2022 excluyeron a 50 millones de personas, por lo que tuvieron que recurrir a los servicios privados, lo que los llevó a erogar hasta 30% de sus ingresos corrientes (CONEVAL, 2023) y, en segundo, por el bajo nivel de las pensiones (apenas 40% del valor de un SMG en 2024).

A pesar de estas deficiencias, el PUPAM y el Seguro Popular/INSABI/IMSS-Bienestar han cobijado incentivos perversos, particularmente debido a que han retardado la implantación a nivel federal de un seguro de desempleo y a que han coadyuvado a mantener en -0.31% promedio anual la Productividad Total de los Factores (PTF) entre 1990 y 2021 (INEGI, 2022b). Asimismo, ayudan a explica por qué, a pesar de la existencia del programa de Jóvenes Construyendo el Futuro, administrado por la STPS, la aportación oficial y privada a los mercados laborales de México es contabilizada por la OCDE como 0%, mientras en el resto de países se ubica entre 0.7% en Lituania hasta 4.8% en Canadá. Esto no obstante que en 2024 México cumple 30 años de pertenecer a la Organización (OECD, 2019).

En este sentido, el coeficiente de gastos en seguridad social de 6.0%, del que en teoría 3.5% debería estarse financiando con aportaciones al IMSS y al ISSSTE (Gutiérrez Rodríguez, 2014), enfrenta en la práctica el problema de que casi dos terceras partes de dichas erogaciones provienen de recursos públicos, como si las reformas llevadas a cabo a las leyes de dichos institutos hubieran servido de muy poco. De mantenerse el ritmo actual, el monto podría subir, a principios de los años treinta, a poco más de 10%, nivel similar al promedio registrado actualmente por los países de la OCDE (OECD, 2019a). Más aún, tomando en cuenta las tasas de crecimiento de la población, junto con la recomposición de la pirámide poblacional, el grupo etario de 65 años y más, que en 2024 asciende a 11.7 millones (8.8% de la población total), pasaría a 24.9 millones en 2050 (16.5% de la población total). Por tanto, las reformas de 2020 y 2024 al sistema de pensiones, junto con algunos otros arreglos legislativos, podrían estar abriendo el camino para reasignar paulatinamente los recursos de las AFORE en favor de las pensiones no contributivas, que reditúan mucho en términos políticos. De otra manera, y considerando los niveles de productividad antes expuestos, no se explica por qué el gobierno federal se sigue comprometiendo tan decidida e incondicionalmente con el pilar Cero.

La experiencia chilena respecto a su sistema de AFP, creado en 1981 por José Piñera, reformado en 2008 por la presidenta Michelle Bachelet y vuelto a modificar ligeramente en 2020 por el presidente Sebastián Piñera, además de encontrarse en espera de la consolidadión de una nueva reforma con Gabriel Boric, arroja experiencias que son importantes para México, particularmente si se considera que las AFORE son una réplica de las AFP. Las promesas de los políticos y financieros que las implantaron en Chile, en pleno periodo de la dictadura, fueron que los futuros pensionados alcanzarían una tasa de reemplazo de hasta 80%, con una rentabilidad promedio anual neta de 5%. Para 2001 las expectativas ya no eran las mismas: se estimaba que para quienes se pensionaran en 2014 la tasa de reemplazo sería de 43%. Hoy día se considera que 50% de los pensionados que se jubilaron durante la década de 2010 obtuvieron incluso menos de 20% de su último salario, y que la mediana de la tasa de reemplazo, sin subsidios del Estado, fue de 20%, afectando mucho más a las mujeres que a los hombres, no obstante que la rentabilidad promedio de las inversiones se situó en 7.8%. Según datos de la Superintendencia de Pensiones de Chile, el promedio individual pagado por las pensiones en marzo de 2019 fue de 259,000 pesos chilenos, equivalentes a 330 dólares y a 6,105 pesos mexicanos, menos de un SMG de México en 2023.

A pesar de los disturbios sociales vividos en aquel país en 2019, cuya principal fuente de malestar fueron los pocos recursos otorgados por el sistema previsional, lo único que se logró fue una reforma por la que se autoriza que los trabajadores puedan disponer de hasta 10% del monto total de los ahorros acumulados en sus AFP. Con ello, el problema quedó en manos de la administración Boric, cuyo titular sugirió al principio de su mandato terminar con el sistema de las AFP y regresar, al menos parcialmente, a un sistema de reparto solidario, además de subir la aportación de los empleadores en 6%, manteniendo en 10% la de los trabajadores, con lo que el ahorro total llegaría a 16%, nivel cercano al promedio de los países de la OCDE, que es de 18.2%. De acuerdo con los avances hasta mayo de 2024, este segundo objetivo ha avanzado adecuadamente en el Congreso, y sólo es necesario que se resuelva las subcuentas que serán financiadas con dichos recursos.

En México mediante otro mecanismo y por supuesto fuentes de financiamiento públicas, en las que una parte de los recursos de las AFORE terminará apoyando a la parte no contributiva del sistema (pilar Cero), existe la posibilidad de que se alcance la pensión universal, así sea con un sistema de salud pública seriamente disminuido. Es decir, todo indica que la propuesta reciente de crear un Sistema Nacional de Cuidados, apoyado por partidos políticos y posiciones académicas de diferentes tendencias, seguirá avanzando sin concretar mucho. Esos pasos dubitativos servirán sin embargo para distraer la atención con relación a la imperiosa necesidad de homologar los sistemas públicos de salud, instaurar el seguro de desempleo y aplicar medidas fiscales, legales y administrativas que permitan reducir la informalidad.

El gobierno, como actor principal del esquema, debe proponer una legislación que compacte al máximo los beneficios de las entidades administradoras de los fondos de retiro; mejore el servicio y la difusión de información, y maximice los rendimientos de las carteras (inversiones), sin incurrir en riesgos innecesarios o en financiamiento a actividades públicas inviables. Asimismo, debe abstenerse de promover cambios a las leyes secundarias con objeto de gravar a partir de cierto límite el monto máximo de las pensiones, porque ya antes fueron gravadas en la forma de ingresos de los trabajadores; debe frenar el proceso de sustitución, que ya llevó a cabo, del SM por la UMA buscando eventualmente sustituir el SBC por la UMA, y debe respetar la calendarización de los ahorros acumulados por los trabajadores en un periodo compatible con su esperanza de vida real, no ficticia, es decir con el promedio dado a conocer por las instituciones especializadas en asuntos demográficos.

De la misma manera, la autoridad se debe abstener de amenazar con recurrir al fondo pensionario que han integrado a lo largo de muchos años los trabajadores para financiar el gasto público, pues por una parte se trata de cuentas diferentes y, por otra, el espíritu del sistema es la protección no sólo de los pensionados, sino también de sus familiares. En igual sentido, se debe sustraer de la tentación de financiar al pilar Cero (no contributivo) con el pilar Dos (contributivo). Asimismo, debe reconocer que el seguro de desempleo no es sustituible con los programas sociales, pues cumplen objetivos diferentes. Finalmente, tiene que promover acciones legales y administrativas que impulsen los niveles de productividad, la densidad de cotización y la tasa de reemplazo, lo que en el fondo implica combatir la informalidad, a pesar de su nivel de arraigo en la economía y de la simbiosis que tiene con la economía formal.

Referencias bibliográficas

Banco de México (BANXICO) (2021). La reforma del sistema de pensiones de México: posibles efectos sobre las jubilaciones, la dinámica del ahorro obligatorio y las finanzas públicas. Marzo. https://www.banxico.org.mx/publicaciones-y-prensa/informes-trimestrales/recuadros/%7B097F33DE-A56A-DA9E-9620-7A9CDC32AA8B%7D.pdf

Banco Mundial (2024). Datos. Esperanza de vida al nacer. Total (años). https://datos.bancomundial.org/indicator/SP.DYN.LE00.IN?locations=MX

Beveridge, William H. (1942). *Beveridge Report.* Parliamentary Archives/D/495. https://www.parliament.uk/about/living-heritage/transformingsociety/livinglearning/coll-9-health1/coll-9-health/

Blackburn, Robin (2010). *El Futuro del Sistema de Pensiones. Crisis Financiera y Estado de Bienestar.* Madrid: Akal.

Cámara de Diputados (2022). Constitución Política der los Estados Unidos Mexicanos. https://www.diputados.gob.mx/LeyesBiblio/ref/cpeum.htm

Cámara de Diputados (2024). Presupuesto de Egresos de la Federación Aprobado. https://www.diputados.gob.mx/LeyesBiblio/pdf/PEF_2024.pdf

Cámara de Diputados (2024b). Calendario Legislativo, Febrero 8. http://sil.gobernacion.gob.mx/NoticiasView/NoticiasView.php?id=4476&load=1#:~:text=Calendario%20legislativo%20de%20la%20C%C3%A1mara%20de%20Diputados.&text=Las%20sesiones%20previstas%20ser%C3%A1n%20las,30%20(Sesi%C3%B3n%20de%20clausura).

Castañón Ibarra, Vicente y Ferreira Blando, Olaf Froylán (2017). “Densidad de cotización en el sistema de ahorro para el retiro en México”. Boletín CEMLA, México, julio-septiembre

Centro de Investigación Económica y Presupuestaria, A. C. (CIEP). Financiamiento de las pensiones. Escenarios sobre su carga fiscal a 2030. 20 de marzo. https://ciep.mx/financiamiento-de-las-pensiones-escenarios-sobre-su-carga-fiscal-a-2030/

Consejo Nacional para la Evaluación de la Política Social (CONEVAL, 2023). Medición de la Pobreza 2022. https://www.coneval.org.mx/Medicion/MP/Paginas/Pobreza_2022.aspx

Comisión del Sistema Nacional de Ahorro para el Retiro (CONSAR) (2019). Sistema de Ahorro para el Retiro. Diagnóstico de la Generación AFORE IMSS. https://www.gob.mx/cms/uploads/attachment/file/509334/2_AP-nov-19_Diagno_stico_IMSS_GA.pdf

CONSAR (2022). Comisiones de las AFORES para 2023. https://www.gob.mx/consar/articulos/comisiones-de-las-afores-para-2023-322553?idiom=es

CONSAR (2023). El SAR en números. Cifras al cierre de diciembre de 2022. Enero. https://www.gob.mx/consar/documentos/el-sar-en-numeros

CONSAR (2024a). Calculadora para los trabajadores que cotizan al IMSS. https://www.consar.gob.mx/gobmx/Aplicativo/calculadora/imss/CalculadoraIMSS.aspx#:~:text=Para%20efectos%20de%20las%20estimaciones,cotiza%20al%20sistema%20de%20pensiones

CONSAR (2024b). Cuentas administradas por las AFORE. https://www.consar.gob.mx/gobmx/aplicativo/siset/CuadroInicial.aspx?md=5

Consejo Nacional para la Evaluación de la Política Económica y Social (CONEVAL) (2019). *Metodología para la Medición de Pobreza en México.* https://www.coneval.org.mx/Medicion/MP/paginas/metodologia.aspx

Consejo Nacional de Población (CONAPO) (2023). Indicadores Demográficos de la República Mexicana. http://conapo.gob.mx/work/models/CONAPO/Mapa_Ind_Dem18/index_2.html

De Soto, Hernando (1987). *El Otro Sendero.* México: Editorial Diana.

Diario Oficial de la Federación (DOF) (1925). Ley Federal de Pensiones de Retiro. 19 de agosto, edición matutina. https://www.dof.gob.mx/index.php?year=1925&month=8&day=19#gsc.tab=0

DOF (2022). Decreto por el que se crea el organismo público descentralizado denominado Servicios de Salud del Instituto Mexicano del Seguro Social para el Bienestar (IMSS-BIENESTAR). 31 de agosto. https://www.dof.gob.mx/nota_detalle.php?codigo=5663064&fecha=31/08/2022#gsc.tab=0

DOF (2012). Bases para llevar a cabo la liquidación de Ferrocarriles Nacionales de México, 10 de octubre.

DOF (2009). Bases para el proceso de desincorporación del organismo descentralizado Luz y Fuerza del Centro. 11 de octubre. https://dof.gob.mx/nota_detalle.php?codigo=5114011&fecha=11/10/2009#gsc.tab=0

DOF (2020). Decreto por el que se reforman, adicionan y derogan diversas disposiciones de la Ley del Seguro Social y de la Ley de los Sistemas de Ahorro para el Retiro. 16 de diciembre. https://www.dof.gob.mx/nota_detalle.php?codigo=5607729&fecha=16/12/2020#gsc.tab=0

DOF (2022a). Relación de Entidades de la Administración Pública Federal. Agosto 12.

DOF (2024a). Decreto por el que se reforman, adicionan y derogan diversas disposiciones de la Ley del Seguro Social, de la Ley del Instituto del Fondo Nacional de la Vivienda para los Trabajadores, de la Ley del Instituto de Seguridad y Servicios Sociales de los Trabajadores del Estado, de la Ley de los Sistemas de Ahorro para el Retiro, de la Ley Federal de Presupuesto y Responsabilidad Hacendaria, de la Ley Federal para la Administración y Enajenación de Bienes del Sector Público, y del Decreto por el que se extingue el organismo público descentralizado denominado Financiera Nacional de Desarrollo Agropecuario, Rural, Forestal y Pesquero, y se abroga su Ley Orgánica, publicado en el Diario Oficial de la Federación el 29 de mayo de 2023, para la creación del Fondo de Pensiones para el Bienestar. Abril 30. https://dof.gob.mx/nota_detalle.php?codigo=5725265&fecha=30/04/2024#gsc.tab=0

DOF (2024b). Decreto del Fondo de Pensiones para el Bienestar. https://dof.gob.mx/nota_detalle.php?codigo=5725285&fecha=01/05/2024#gsc.tab=0

El Pulso Laboral (2019). Cancela López Obrador fondo para pensiones de Ferronales. 10 de marzo. https://elpulsolaboral.com.mx/sindicatos/17924/cancela-lopez-obrador-fondo-para-pensiones-de-ferronales

Forbes (2022). Gobierno de AMLO usa 134 mil mdp de los fideicomisos desaparecidos. 1 de marzo. https://www.forbes.com.mx/gobierno-de-amlo-usa-135-mil-mdp-de-los-fideicomisos-desaparecidos/

Gobierno de México (2023). Información estadística. https://www.consar.gob.mx/gobmx/aplicativo/siset/CuadroInicial.aspx?md=2

Gutiérrez-Rodríguez, Roberto y Pérez-Méndez, Marco Antonio (2022). La trayectoria de la Covid-19 en México a partir de un modelo evolutivo", en Gutiérrez-Rodríguez, Roberto (coordinador). *Modelos Financieros, Monetarios y de Políticas Públicas en México.* México: UAM-Iztapalapa y Gedisa.

Gutiérrez-Rodríguez, Roberto (2016). Los límites de la Política social durante el sexenio de Peña Nieto. *ECONOMÍAunam* No. 39, septiembre-diciembre. http://revistaeconomia.unam.mx/index.php/ecu/issue/view/4

Holzmann, Robert y Joseph E. Stiglitz (editores) (2001). *New Ideas About Old Age Secutrity. Toward Sustainable Pension Systems in the 21st Centuty.* Washington: The World Bank.

Instituto Nacional de Estadística y Geografía (INEGI) (2022). Población total por entidad federativa y grupo quinquenal de edad según sexo, serie de años censales de 1990 a 2020. https://www.inegi.org.mx/app/tabulados/interactivos/?pxq=Poblacion_Poblacion_01_e60cd8cf-927f-4b94-823e-972457a12d4b

INEGI (2022b). Productividad Total de los Factores (PTF) Modelo KLEMS-INEGI. México. https://r.search.yahoo.com/_ylt=AwrNO7R4xfhmagAlAuDv8wt.;_ylu=Y29sbwNiZjEEcG9zAzIEdnRpZAMEc2VjA3Ny/RV=2/RE=1727608313/RO=10/RU=https%3a%2f%2fwww.inegi.org.mx%2fcontenidos%2fsaladeprensa%2fboletines%2f2022%2fPTF%2fPTF2021.pdf/RK=2/RS=CGd1Vy7uaf4135amqvgsSaw.1oo-

INEGI/Secretaría del Trabajo y Previsión Social (STPS) (2005). Encuesta Nacional de Empleo (ENE) homologada a ENOE. Indicadores trimestrales 1995-2004. https://www.stps.gob.mx/gobmx/estadisticas/enecon.htm

Instituto de Investigaciones Jurídicas de la UNAM (IIJ-UNAM) (2010). "Ley General de Pensiones Civiles de Retiro". https://archivos.juridicas.unam.mx/www/bjv/libros/6/2791/15.pdf

Instituto Mexicano del Seguro Social (IMSS) (2024). Calculadora para los trabajadores que cotizan al IMSS. https://www.consar.gob.mx/gobmx/Aplicativo/calculadora/imss/CalculadoraIMSS.aspx

Instituto de Seguridad Social para las Fuerzas Armadas Mexicanas (ISSFAM). Ley del Instituto de Seguridad Social para las Fuerzas Armadas Mexicanas. 9 de mayo. https://www.cndh.org.mx/sites/default/files/doc/Programas/Discapacidad/Ley_ISSFAM.pdf

Instituto de Seguridad y Servivios Sociales para los Trabajadores del Estado (ISSSTE) (2024). Calculadora para trabajadores que cotizan al ISSSTE (régimen de cuentas individuales). https://www.consar.gob.mx/gobmx/Aplicativo/calculadora/issste/CalculadoraISSSTE.aspx

Justia México (2024a). Constitución Política de los Estados Unidos Mexicanos. https://mexico.justia.com/federales/constitucion-politica-de-los-estados-unidos-mexicanos/titulo-primero/capitulo-i/

Justia México (2024b). Ley del Instituto Nacional de los Trabajadores al Servicio del Estado. https://mexico.justia.com/federales/leyes/ley-del-instituto-de-seguridad-y-servicios-sociales-de-los-trabajadores-del-estado/titulo-segundo/capitulo-ix/seccion-ii/#articulo-192

Luces del Siglo (2024). "Duraría nueve años semilla de pensión". Abril 22. https://lucesdelsiglo.com/2024/04/22/duraria-nueve-anos-semilla-de-pension-nacional/#:~:text=La%20C%C3%A1mara%20de%20Diputados%20proyect%C3%B3,de%20pensi%C3%B3n%20a%20los%20trabajadores

Martínez González, Ma. De Lourdes (2020). Penden de un hilo las pensiones y jubilaciones de ferrocarrileros. Frecuencia Laboral. Año 14, No. 736, 23 al 29 de febrero. https://www.frecuencialaboral.com/Ferrocarrilerosjubilacionespendendeunhilo2020.html

México Evalúa (2023a). Regresar a pensiones del 100% es una promesa vacía. https://www.mexicoevalua.org/regresar-a-las-pensiones-del-100-es-una-promesa-vacia/

México Evalúa (2023b). Punto de quiebre: pensiones y finanzas públicas. https://numerosdeerario.mexicoevalua.org/2023/08/04/punto-de-quiebre-pensiones-y-finanzas-publicas/

Ministerio de Hacienda (2024). Reforma previsional: Gobierno ingresa indicaciones para distribuir nueva cotización en 3% al Seguro Social y 3% a capitalización individual. República de Chile. Enero 15. https://www.hacienda.cl/noticias-y-eventos/noticias/reforma-previsional-gobierno-ingresa-indicacion-para-distribuir-nueva

Moreno Padilla, Javier (1978). *Nueva Ley del Seguro Social.* México: Editorial Trillas.

Nacional Financiera (1995). *La Economía en Cifras 1995.* México: Nacional Financiera, 14ª edición.

Organization for Economic Cooperation and Development (OECD) (2019a). *Pensions at a Glance 2019.* París: OECD. https://www.oecd-ilibrary.org/social-issues-migration-health/pensions-at-a-glance-2019_b6d3dcfc-en

OECD (2019b). Public spending in labor markets. https://data.oecd.org/socialexp/public-spending-on-labour-markets.htm

Peláez Herreros, Óscar (2009). Descripción y proyección de la esperanza de vida al nacimiento en México. *Estudios Demográficos y Urbanos.* Vol. 24, No. 2, mayo-agosto.

Perdigón-Villaseñor, Gerardo y Sonia B. Fernández-Cantón (2008). Mortalidad infantil y preescolar en México, 1921-2006. *Medigraphic Artemisa en Línea.* Vol. 65, marzo.abril. https://r.search.yahoo.com/_ylt=AwrDQq7VR91j8ZYAtgHv8wt.;_ylu=Y29sbwNiZjEEcG9zAzEEdnRpZAMEc2VjA3Ny/RV=2/RE=1675475029/RO=10/RU=https%3a%2f%2fwww.scielo.org.mx%2fpdf%2fbmim%2fv65n2%2fv65n2a11.pdf/RK=2/RS=fhTVkejly3M3FBLNgBpQ3QLMuuk-

Poder Judicial de la Federación (PJF) (2017). Índice del proceso legislativo correspondiente a la reforma publicada en el Diario Oficial de la Federación el 6 de septiembre de 1929. El Poder Judicial de la Federación en el devenir constitucional de México. 100 aniversario Constitución 1917. México: PJF.

Sindicato Único de Trabajadores Electricistas de la República Mexicana (SUTERM) (2023). CIJUBILA, cuenta individual de jubilación. https://www.suterm.mx/es/cijubila

Sistema de Administración Tributaria (SAT) (2022). El SAT informa que los ingresos por jubilaciones o pensiones se encuentran exentos de ISR siempre y cuando no excedan de 43 mil pesos al mes. 1 de febrero. https://www.gob.mx/sat/prensa/el-sat-informa-que-los-ingresos-por-jubilaciones-o-pensiones-se-encuentran-exentos-de-isr-siempre-ycuandonoexcedande43milpesosalmes-07-2022?idiom=es#:~:text=Asimismo%2C%20los%20ingresos%20que%20se,esto%20tambi%C3%A9n%20aplica%20para%202022.

Villarreal, Héctor y Alejandra Macías (2019). *El Sistema de Pensiones en México. Institucionalidad, Gasto Público y Sostenibilidad Financiera.* Serie Macroeconomía del Desarrollo No. 210 (LC/TS.2020/70). Santiago: CEPAL. https://www.cepal.org/es/publicaciones/45820-sistema-pensiones-mexico-institucionalidad-gasto-publico-sostenibilidad

World Bank (1994). *Averting the Old Age Crisis: Policies to Protect the Old and Promote Growth.* Oxford: Oxford University Press.

Zamarripa, Guillermo (2020). "La reforma de pensiones: impactos y beneficios". *Nexos,* agosto. https://www.nexos.com.mx/?p=49307#:~:text=De%20acuerdo%20con%20los%20datos,ser%C3%ADan%20elegibles%20para%20la%20PMG